L'importer est de ne pas cesser de nous interroger.

Albert Einstein (1879-1955)

Les esprits pionniers de l'Occident...

Armand **Abécassis**, David **Abram**, **Alain**, Vicente **Aleixandre**, Hans Christian **Andersen**, Silesius **Angelus**, Hannah **Arendt**, **Aristote**, **Athénagoras Ier**, **Balthus**, René **Barjavel**, Zygmunt **Bauman**, Georges **Bernanos**, **Be**

Patrick **Chamoiseau**, François **Cheng**, Pierre **Choderlos de Laclos**, Noam **Chomsky**, **Cicéron**, Emil **Cioran**, Hermann **Cohen**, Joseph **Conrad**, Boris **Cyrulnik**, **Dante**, Charles **Darwin**, René **Descartes**, Jare

Jean **Favier**, Bernard de **Fontenelle**, **François d'Assise**, **François de Sales**, Sigmund **Freud**, David **Gascoyne**, Paul **Géraldy**, André **Gide**, Édouard **Glissant**, Maurice **Godelier**, Johann Wolfgang von

Edward T. **Hall**, Vaclav **Havel**, Friedrich **Hegel**, Martin **Heidegger**, **Héraclite**, Miguel **Hernandez**, Jeanne **Hersch**, **Hildegarde de Bingen**, Friedrich **Hölderl**

Alexandre **Jollien**, Hans **Jonas**, Emmanuel **Kant**, John **Keats**, Jean-Marie **Kerwich**, Søren **Kierkegaard**, Martin Luther **King**, Jean **Klein**, Julia **Krist**

Léonard de Vinci, Giacomo **Leopardi**, Jules **Lequier**, Primo **Levi**, Claude **Lévi-Strauss**, Georg Chistoph **Lichtenberg**, Franz **Liszt**, **Lorid**

Maria **Montessori**, Edgar **Morin**, Isaac **Newton**, Friedrich **Nietzsche**, **Novalis**, Erik **Orsenna**, Leopoldo **Panero**, Blaise **Pa**

Pierre **Rabhi**, António **Ramos Rosa**, Hubert **Reeves**, Jules **Renard**, Paul **Ricœur**, Rainer Maria **Rilke**, **Madame**

William **Shakespeare**, Adam **Smith**, **Socrate**, **Sœur Emmanuelle**, Alexandre **Soljenitsyne**, **Sophocle**, Annick d

Virgile, **Voltaire**, Paul **Watzlawick**, Simone **Weil**, Herbert George **Wells**, Kenneth **White**, Elie **Wiesel**, Oscar **W**

ırd de Chartres, Bernard de Clairvaux, Enzo Bianchi, William Blake, Niels Bohr, Georg Brandes, Emily Brontë, Jean Calvin, Italo Calvino, Ernst Cassirer, Luca Cavalli-Sforza, Miguel de Cervantès,
iamond, Emily Dickinson, Denis Diderot, John Donne, Fiodor Dostoïevski, K. G. Dürckheim, Eckhart, Umberto Eco, Albert Einstein, T. S. Eliot, Ralf Waldo Emerson, Manuel Épictète, Épicure, Érasme,
oethe, Glenn Gould, Stephen Jay Gould, Remy de Gourmont, Baltasar Gracián, Grégoire de Nysse, Guigues Ier Le Chartreux, Jean Guitton,
Iichel Houellebecq, Victor Hugo, Ted Hugues, Edmund Husserl, Henrik Ibsen, Ignace de Loyola, Albert Jacquard, Vladimir Jankélévitch, Karl Jaspers, Jean Chrysostome, Jean de La Croix, Jean-Paul II,
Piotr Alekseïevitch, Kropotkine, Milan Kundera, Alphonse de Lamartine, J.M.G.. Le Clézio,
ens, Erri de Luca, Lucrèce, André Malraux, Marc Aurèle, Karl Marx, Méléagre de Gadara, Yehudi Menuhin, Mère Teresa, Thomas Merton, Henry Miller, Yannick Monget, Michel de Montaigne, Montesquieu,
Paul VI, Charles Péguy, Jean-Marie Pelt, Henri Pena-Ruiz, Fernando Pessoa, Luigi Pirandello, Platon, Plotin, Ezra Pound, Ilya Prigogine, Marcel Proust, Syrus Publius, François Rabelais,
d, Jean Rostand, Jean-Jacques Rousseau, Nelly Sachs, Edward W. Saïd, Saint Augustin, Antoine de Saint-Exupéry, José Saramago, Victor Schoelcher, Arthur Schopenhauer, Sénèque, Michel Serres,
zenelle, Baruch Spinoza, Stendhal, Wislawa Szymborska, Talleyrand, Thérèse d'Avila, Thomas a Kempis, Thomas d'Aquin, Henry David Thoreau, Tomas Tranströmer, Raoul Vaneigem,
udwig Wittgenstein, William Wordsworth, William Butler Yeats, Maria Zambrano, Stefan Zweig.

Espoirs

365 CLÉS DE LA PENSÉE OCCIDENTALE

Danielle & Olivier Föllmi

Préface de Enzo Bianchi
Collaboration littéraire de Céline Anger

Éditions de La Martinière

Occident, terre de l'*occasum*, du coucher du soleil et donc terre d'espoir : c'est l'Occident, notamment en Méditerranée, qui a nourri l'espoir. Depuis Héraclite et jusqu'à nos jours, la question « Que puis-je espérer ? » résonne plus que toute autre dans le cœur des hommes d'Occident, et avec elle se renouvelle d'âge en âge la quête de sens, d'orientation, le projet de soi et de l'avenir.

Nous vivons à une époque placée sous le signe de la « crise » et parfois de la « fin » : fin de la civilisation occidentale (J. Derrida), fin de la modernité (J.-F. Lyotard), fin de la chrétienté (M. D. Chenu)… Sans doute notre époque, plus que d'autres, se caractérise par la précarité du présent et l'incertitude de l'avenir, mais l'espoir, les espoirs se renouvellent toujours et l'homme est ainsi invité à recommencer, à rendre neuf ce qui semble vieux, à réveiller ce qui paraît moribond.

Oui, l'espoir. Ni un optimisme obtus et aveugle, ni une idéologie et encore moins un providentialisme selon lequel, tôt ou tard, tout finira bien par aller dans le bon sens. L'espoir : cette attente au quotidien, cette confiance en l'humanité, ce sentiment qui naît là où l'on passe du « je » au « nous », où il y a écoute réciproque, solidarité, communication, dialogue et donc communion. L'espoir naît toujours et seulement de relations vivantes centrées sur un « nous » qui tend vers la construction commune d'une terre marquée par une meilleure cohabitation.

L'humanisation – ce chemin où l'homme améliore sa qualité de vie, habite mieux la terre, vit de manière solidaire et consciente avec toutes les créatures et avec le cosmos tout entier – dépend beaucoup des espoirs que les hommes sont capables de cultiver : « espérer contre tout espoir » est leur véritable force.

Le pèlerin, le nomade et l'étranger sont tout particulièrement exercés à pratiquer l'espoir, car celui qui est en chemin et en quête, ressent en lui-même l'appel vers une intériorité profonde. En effet, en chacun de nous, il y a une voix qui nous répète : « *Gnothi seautón*, Connais-toi toi-même ! », comme au temple d'Apollon de Delphes, une voix qui nous exhorte : « *Lech lecka*, Va vers toi-même », comme le fit Dieu avec Abraham. Et pour réussir dans ce chemin d'humanisation il faut « écouter », un verbe lui aussi caractéristique de l'Occident. Écouter la terre, écouter le ciel, écouter la mer, écouter les hommes et les femmes, leurs histoires, leurs visages… Écouter et voir, contempler. Ainsi naît le savoir : les maîtres d'Occident des trois derniers millénaires ont écouté et contemplé, et ont parlé de ce qu'ils ont écouté et vu.

Leurs paroles sont dans les pages de ce livre, harmonieusement accompagnées par les images : les parcourir c'est comme tourner le regard vers des horizons « nouveaux », nouveaux parce que – justement – ils sont anciens. Nouveaux par rapport à notre condition quotidienne, nouveaux, car ils sont porteurs d'une nouvelle manière de voir les choses, nouveaux, parce qu'ils sont capables de susciter des nouveautés de vie. Anciens aussi, cependant, car ces horizons s'offrent depuis toujours au regard purifié, à l'œil intérieur capable de voir plus loin pour apercevoir ce qui brûle vraiment au fond de soi et chez l'autre. Des pages chrétiennes pour la plupart, mais non seulement, car le « récit » de l'Occident est une histoire à plusieurs voix, dont les racines puisent dans l'éthique grecque des vertus, dans la romanité, dans le christianisme – parfois dans sa confrontation – conflit avec le judaïsme et l'islam, parfois dans les tensions ou les ruptures en son propre sein – dans l'illuminisme et dans la modernité. Les voix ici recueillies sont un témoignage de cet entrelacs fécond capable de réveiller l'espoir : antidote quotidien au refoulement de l'intériorité, incitation à formuler une question, à s'arrêter un instant pour penser, opportunité d'ouvrir les yeux et le cœur vers des horizons impensables, ce livre améliore notre relation avec notre terre et notre humanité. Oui, « l'Occident » est l'endroit où le soleil se couche, mais le cœur savant sait que chaque coucher de soleil n'est jamais la fin, mais toujours l'aube d'un nouveau monde, d'hommes et de femmes nouvelles, d'autres attentes et d'autres espoirs : « Ainsi, il y eut un soir, et il y eut un matin : ce fut le premier jour » (Genèse 1, 5). Le coucher du soleil marque chaque fois le début d'un nouveau jour : pour chacun de nous, aussi.

Enzo Bianchi

D'OÙ VIENS-JE ?

du 1er janvier au 11 mars

À l'origine des temps
Le mystère fait l'homme
Un pied sur terre, un pied dans l'ailleurs
Comprendre la Terre
La vie, un don inaugural
Se recréer en recréant le monde
Va vers toi-même
En quête de son horizon
Au commencement est le courage
Aussi loin qu'un homme peut penser

QUE SAIS-JE ?

du 12 mars au 6 mai

Connais-toi toi-même
Je pense donc je suis
Qui ne possède sa pensée...
L'illusion de la vérité
Poser les vraies questions
Le désir engendre la pensée
Reconnaissance et gratitude
Faire respirer le genre humain

OÙ SUIS-JE ?

du 7 mai au 2 juillet

Reconnaître la différence
Le respect pour autrui
La paix, c'est la guerre des idées
Aucune société n'est parfaite
Pour une liberté authentique
Le jugement est le relatif
L'humanité, synonyme d'égalité
L'homme est ce qu'il fait

QUI SUIS-JE ?

du 3 juillet au 27 août

Notre nationalité est l'humanité

Quand on n'a plus rien, on n'a plus peur

Je suis le lien que je tisse avec les autres

Le superflu finit par priver du nécessaire

Les grands dangers sont au-dedans de nous

Se savoir compris, se savoir relié

Évoluer, s'interroger, se transformer

L'avenir est dans nos mains

OÙ VAIS-JE ?

du 28 août au 15 octobre

Poursuis toujours

La vie est un chant de joie

Vivre à même l'éternité

Rendre prochain le lointain

Toute beauté est relation

Déchiffrer le silence

Par-delà le bien et le mal

QUE FAIRE ?

du 16 octobre au 3 décembre

Il faut le désir amoureux

La beauté sauvera le monde

Ce que tu dois savoir

S'élancer vers l'avenir

L'harmonie du hasard et du bien

Laisser parler le vent

Les conditions du bonheur

ESPOIRS

du 4 décembre au 31 décembre

Dans ton cœur à jamais

Se réinventer toujours

Faire de sa vie un chef-d'œuvre

Va et deviens

D'OÙ VIENS-JE ?

C'était à l'origine des temps
Alors que régnait le néant.
Ni sable, ni mer n'y avait,
Ni vagues glacées.
N'existait la Terre,
Ni le ciel très haut.
Immense était l'abîme,
Mais nulle plante ne poussait.

L'Edda (poèmes islandais, VIIe-XIIIe siècles)

Fumerolles dans le site volcanique de Leirhnjukur, au nord de l'Islande.

La mer se calma et s'immobilisa
Ouragan et Déluge s'étant interrompus !
Je regardai alentour :
Le silence régnait !
Tous les hommes avaient été
Retransformés en argile ;
Et la plaine liquide
Semblait un toit-terrasse.

J'ouvris la lucarne
Et l'air vif me sauta au visage.
Je tombai à genoux, immobile,
Et pleurai :
Les larmes ruisselaient
Sur mes joues
Puis je cherchai du regard des côtes,
À l'horizon.

Épopée de Gilgameš (Sumer, XVIIIe-XVIIe siècles av. J.-C.)

Dans le fjord de Nærøfjorden, l'un des plus impressionnants de Norvège.

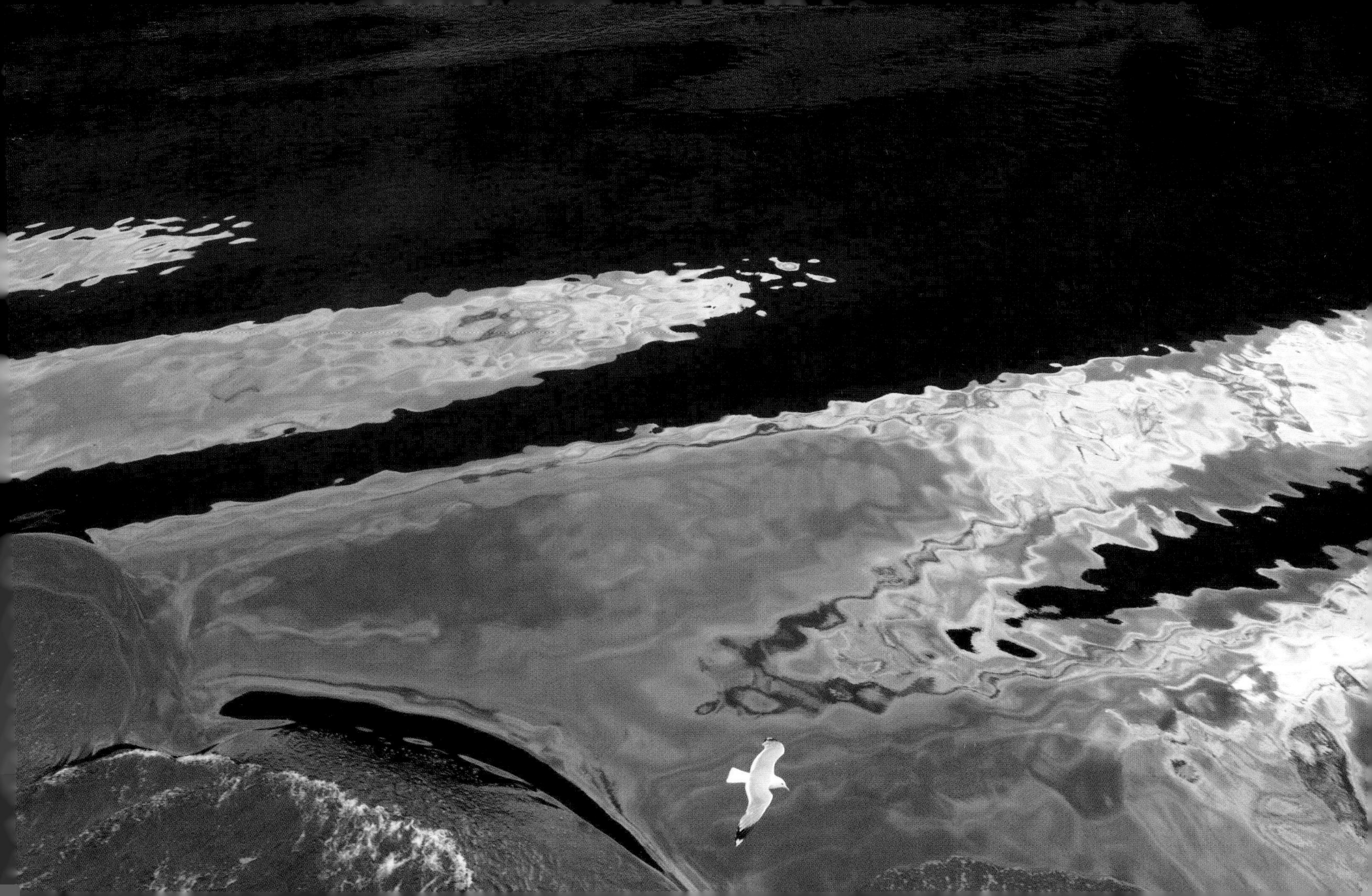

3 janvier

Au commencement

au-delà du sens

là est le verbe.

Ô le trésor si riche

Où commencement fait naître commencement.

Maître Eckhart (vers 1260-1327)

Printemps à Ferreirola en Andalousie (Espagne).

Va saisir une étoile filante,
Engrosser une mandragore ;
Dis-moi où sont les ans passés,
Qui du Diable a fendu le pied ;
Fais-moi ouïr le chant des sirènes
Éviter les traits de l'envie,
Et apprends-moi
Quel vent propice
Fait avancer un homme honnête.

John Donne (1572-1631)

Péma, un an, bonheur de ses parents (France).

Par cinq brasses sous les eaux
Ton père étendu sommeille.
De ses os naît le corail,
De ses yeux naissent les perles
Rien chez lui de périssable
Que le flot marin ne change
En tel ou tel faste étrange.

William Shakespeare (1564-1616)

Varmahlíd, un village d'Islande se résumant à une station-service, un hôtel et quelques fermes isolées.

L'unique patrie, étranger, c'est le monde que nous habitons ;
un seul Chaos a produit tous les mortels.

Méléagre de Gadara (140-60 av. J.-C.)

L'église Santa Maria del Fiore, la cathédrale de Florence (le Duomo), émerveille chaque année des millions de visiteurs (Italie).
Double page suivante : Crépuscule sur les Préalpes (France).

7 janvier

Rien ne naît de rien.

Rien ne retourne au néant.

Lucrèce (98-55 av. J.-C.)

On ne naît pas homme, on le devient.

Érasme (1469-1536)

Emmanuelle et Julien, parents depuis un an (France).

Ce qui fait l'homme, c'est l'horizon :
celui des flots et celui des crêtes, celui qu'on voit et celui qu'on devine,
celui du terre à terre et celui du rêve.
L'horizon montre à chacun l'échelle et la limite de ses besoins et de ses capacités.
Il y a l'horizon qu'on accepte et celui qui recule.
L'un est stérile, et il existe. L'autre n'est qu'une idée, et il est fécond.
L'un et l'autre ont la relativité de l'esprit et celle de l'instant.

Jean Favier (né en 1932)

Traversée vers la cime du Croisse-Baulet (2 236 m) dans les Aravis (France).

Penses-tu que ce soit là une petite chose que savoir vivre ?
Non seulement une grande, mais la plus grande.

Bernard de Clairvaux (1091-1153)

Clarisse, 3 ans, dévore son grand bol de céréales (France).

Pour l'individu bien éveillé, conscient,
la vie commence à présent, à tout moment, à n'importe quel moment ;
elle commence dès qu'il a conscience de participer d'un grand tout ;
par cette conscience, il devient lui-même TOUT.
Avec la connaissance des limites et des rapports, il découvre le moi éternel,
permettant dès lors l'évolution en toute liberté, toute discipline et obéissance.

Henry Miller (1891-1980)

Champs d'oliviers dans la région de Cazorla en Andalousie, fruit du travail de nombreuses générations (Espagne).

Honneur à ton jeune courage, enfant !
C'est ainsi qu'on monte aux astres.

Virgile (vers 70-19 av. J.-C.)

Rie Rose, 6 ans, en vacances à Skagen, au nord du Danemark.

Il faut commencer par le commencement.
Et ce commencement de tout est le courage.

Vladimir Jankélévitch (1903-1985)

Assise, lieu de naissance et de mort de François d'Assise, fondateur de l'ordre des Franciscains, canonisé en 1228 (Italie).
Double page suivante : En Allemagne, le Nordfriesland a su au cours des siècles préserver ses terres des marées très puissantes grâce à d'ingénieuses digues.

14 janvier

Chaque jour je m'en vais, cherchant toujours une autre voie.

Hölderlin (1770-1843)

Les hommes vont de multiples chemins.
Celui qui les suit et qui les compare verra naître des figures
qui semblent appartenir à cette grande écriture chiffrée qu'on entrevoit partout :
sur les ailes, la coquille des œufs, dans les nuages, dans la neige, dans les cristaux
et dans la conformation des roches, sur les eaux qui se prennent en glace [...],
dans les lumières du ciel [...] et dans les conjonctures singulières du hasard.
On pressent que là est la clef de cette écriture merveilleuse, sa grammaire même ;
mais ce pressentiment ne veut prendre aucune forme précise et arrêtée.

Novalis (1772-1801)

La gondole, symbole de la cité des Doges qui fut le carrefour de l'art et du commerce à la Renaissance (Italie).

Nous avons été engendrés dans l'explosion initiale au cœur des étoiles
et dans l'immensité des espaces sidéraux.

Hubert Reeves (né en 1932)

Le Stromboli, qui culmine à 923 m d'altitude, prend assise sur le fond marin à environ 3 000 m de profondeur sur une croûte continentale de 18 km d'épaisseur (Italie).

Le lyrisme est une ivresse
et l'homme s'enivre pour se confondre plus facilement avec le monde.

Milan Kundera (né en 1929)

L'île de Kea dans les Cyclades (Grèce).

La forme finale d'un flocon contient l'histoire de toutes les conditions atmosphériques qu'il a traversées. [...]
Au cœur même du flocon de neige, je retrouve l'essence d'un ordre :
un équilibre délicat entre des forces de stabilité et des forces d'instabilité ;
une interaction féconde entre des forces à l'échelle humaine et des forces à l'échelle atomique.

Jean Guitton (1901-1999)

Charme hivernal en forêt (France).

La vie est une merveilleuse féerie.

Hans Christian Andersen (1805-1875)

Champs de fleurs sauvages dans le nord de la Bretagne (France).

Deux choses remplissent le cœur d'une admiration et d'une vénération
toujours nouvelles et toujours croissantes [...] :
le ciel étoilé au-dessus de moi
et la loi morale en moi.

Emmanuel Kant (1724-1804)

Au bord de la mer du Nord, le Nordfriesland est une région prisée en Allemagne pour des vacances sereines, proches d'une nature préservée.
Double page suivante : Les Drus, 3 754 mètres, sommet mythique dans le massif du Mont-Blanc où fut hissée à dos d'homme en 1919 une statue de la Vierge de Lourdes de 13 kilos (France).

21 janvier

Le sujet humain a un pied sur terre et un pied dans l'Ailleurs, par ses exigences, son imaginaire, en un mot son espérance.

Armand Abécassis (né en 1933)

La beauté naît du regard de l'homme.
Mais le regard de l'homme naît de la nature.

Hubert Reeves (né en 1932)

Marie, 14 mois, venue découvrir la montagne du Moléson, en Gruyère, avec son papa, sa maman et ses frères (Suisse).

C'est la nature que je prétends suivre :
ne pas s'en écarter, se former sur sa loi et sur son exemple, voilà la sagesse.
La vie heureuse est donc une vie conforme à la nature ;
mais nul ne saurait l'obtenir, s'il n'a préalablement l'âme saine.[...]
On comprend, quand je ne le dirais pas, que l'homme devient à jamais tranquille et libre,
quand il s'est affranchi de tout ce qui nous irrite ou nous terrifie.
Car en place des voluptés, de toute chose étroite et fragile qui flétrit l'homme en le perdant,
succède une satisfaction sans bornes, inébranlable, toujours égale ;
alors l'âme est en paix, en harmonie avec elle-même, et réunit la grandeur à la bonté.
Toute cruauté en effet vient de faiblesse.

Sénèque (4 av. J.-C.-65 apr. J.-C.)

Fleurs de coton à Landmannalaugar, l'une des régions les plus spectaculaires de l'Islande.

Ce qu'il y a dans l'univers par essence, présence ou fiction
[l'homme] l'a, dans l'esprit d'abord, puis dans les mains.

Léonard de Vinci (1452-1519)

Chrystèle répète pour son concert, dans les montagnes des Bauges (France).

Je veux appartenir à la voûte obscure comme un amant désarmé,
devenir le souffle du silence sur les épaules des nuages.
Je veux adhérer à l'ombre des paroles du feuillage
et comprendre la Terre dans la soif farouche du désir.

António Ramos Rosa (né en 1924)

Mélange de nombreuses essences, les forêts en Gruyère flamboient à l'automne (Suisse).

Moi, qui je suis ? […]
Notre réponse ne pourra pas révéler la vérité tout entière,
mais seulement une infime parcelle de la vérité.
L'homme est quelque chose de si riche, de si complexe, de si divers et changeant,
qu'il n'existe pas de mot, de phrase, de livre, rien qui puisse le décrire et l'englober dans toute son étendue.
Dans l'homme il n'est rien de durable, d'éternel, d'absolu,
l'homme est un perpétuel changement, un changement qui sonne fier, nous le savons !

Václav Havel (né en 1936)

Even, 25 ans, profondément investi pour la préservation de la nature et le patrimoine culturel scandinave (Norvège).

La rose est sans pourquoi,
fleurit parce qu'elle fleurit,
N'a souci d'elle-même,
ne désire être vue.

Angelus Silesius (1624-1677)

Charme de la campagne provençale (France).
Double page suivante : Brumes d'automne dans les Préalpes fribourgeoises (Suisse).

28 janvier

Universel veut dire : ce qui, unique, verse pourtant dans tous les sens.

Michel Serres (né en 1930)

La vie, n'est-ce pas elle, le don inaugural ?

Paul Ricœur (1913-2005)

Sofie, un an et demi, lors de son premier voyage hors de la République tchèque.

Il n'y a pas de normes.
Tous les hommes sont des exceptions à une règle qui n'existe pas.

Fernando Pessoa (1888-1935)

Ville occidentale d'influence orientale, Venise s'est toujours enrichie de populations d'origine différentes qui se sont implantées dans sa vie sociale et culturelle au fil des siècles (Italie).

PROTEZIONE CIVILE

Malheur à celui dont le bonheur ou le plaisir a une fin et un commencement.

Guigues Ier le Chartreux (1083-1136)

Gravure du visage du Christ sur une croix de bois au sommet d'un col dans le massif des Dolomites (Italie).

Accepte tes limites de toutes parts.
La limite donne la forme,
qui est une condition de la plénitude.

Jean Guitton (1901-1999)

Sur l'ancien chemin de halage du canal du Midi, qui relie la mer Méditerranée à l'océan Atlantique grâce à 63 écluses (France).

10

Danser dans une ronde est magique ;
la ronde nous parle depuis les profondeurs millénaires de la mémoire.

Milan Kundera (né en 1929)

Prière en groupe au pied du Mont-Saint-Michel où les Fraternités monastiques de Jérusalem présentes depuis 2001 ont fait resurgir le caractère religieux du lieu (France).

Pour la bonne règle,
je donnerai ici immédiatement ma conception d'un homme extraordinaire.
Le véritable homme extraordinaire est le véritable homme ordinaire.

Søren Kierkegaard (1813-1855)

Fanfare lors de la procession religieuse durant la Semaine sainte à Baeza en Andalousie (Espagne).
Double page suivante : À l'intérieur du cloître des bénédictins, dans la cathédrale de Monreale, en Sicile (Italie).

4 février

Être

ou ne pas être,

telle est la question.

William Shakespeare (1564-1616)

Il n'est personne qui ne veuille être heureux ;
et comment être heureux,
sans être ?

Saint Augustin (354-430)

Brigita, 72 ans, à Venise, heureuse à l'idée de retourner dans son village en Roumanie.

Quel est le sens de la vie ?

Il y a autant de réponses à cette question que d'hommes sur terre.

Et pourtant une seule réponse est valable pour tous :

celui qui a vraiment goûté l'Être sait, une fois pour toutes,

que le sens de la vie humaine n'est rien d'autre

que de devenir le témoin du divin dans l'existence.

Karlfried Graf Dürckheim (1896-1988)

Le village de pêcheurs de Gjógv Eysturoy, aux îles Féroé, province autonome du Danemark.

On se cherche des retraites à la campagne, sur les plages, dans les montagnes.
Et toi-même, tu as coutume de désirer ardemment ces lieux d'isolement.
Mais tout cela est de la plus vulgaire opinion,
puisque tu peux, à l'heure que tu veux, te retirer en toi-même.

Marc Aurèle (121-180)

Thit Bibi, 8 ans, en vacances à Skagen, au nord du Danemark.

Ce n'est que dans l'imagination des hommes
que toute vérité trouve une réelle et indéniable existence.
L'imagination, non l'invention,
est la maîtresse suprême de l'art et de la vie.

Joseph Conrad (1857-1924)

Escalier intérieur de l'abbaye cistercienne de Stams qui compte parmi les plus beaux monuments historiques de style baroque en Autriche.

Ne demande pas que ce qui arrive, arrive comme tu désires ;
mais désire que les choses arrivent comme elles arrivent,
et tu seras heureux.

Épictète (50-125 ou 130)

Après-midi d'échanges sur une place de village provençal (France).

Vous ne pouvez prédire l'avenir,
en revanche vous pouvez l'inventer.

Jean-Marie Pelt (né en 1933)

À Berlin, le Reichstag, siège du Parlement allemand, est un modèle européen en matière d'écologie.

La vraie richesse de l'homme
est la capacité de se recréer
en recréant le monde.

Raoul Vaneigem (né en 1934)

Œuvre d'Andrea Pozzo, fresque en trompe-l'œil ornant
la voûte centrale de l'église Sant'Ignazio à Rome (Italie).

Désormais les mots de réforme ou de révolution sont insuffisants, la seule perspective de salut serait celle d'une métamorphose.

Edgar Morin (né en 1921)

La maison de L'Outarde d'or, bâtie au XVe siècle, au plan typique des édifices lyonnais de la Renaissance (France).

Et va vers toi-même !

Le Cantique des cantiques (IVe siècle av. J.-C.)

Gitte, 27 ans, bénévole dans des ONG danoises travaillant pour l'égalité des droits à l'éducation dans le monde.

Mon Dieu, donne-moi
le courage de changer les choses que je peux changer,
la sérénité d'accepter celles que je ne peux pas changer,
et la sagesse de distinguer entre les deux.

attribué à Marc Aurèle (121-180)

Le parc naturel régional du Massif des Bauges dans les Alpes françaises.

15 février

Nul savoir, si étendu qu'il soit,
ne permet d'atteindre à la plénitude de la sagesse,
sans la connaissance de soi-même.

Bernard de Clairvaux (1091-1153)

Célébration de la messe à l'église Panaghia Evanghelistria (Notre-Dame de l'Annonciation) dans l'île de Tinos (Grèce).

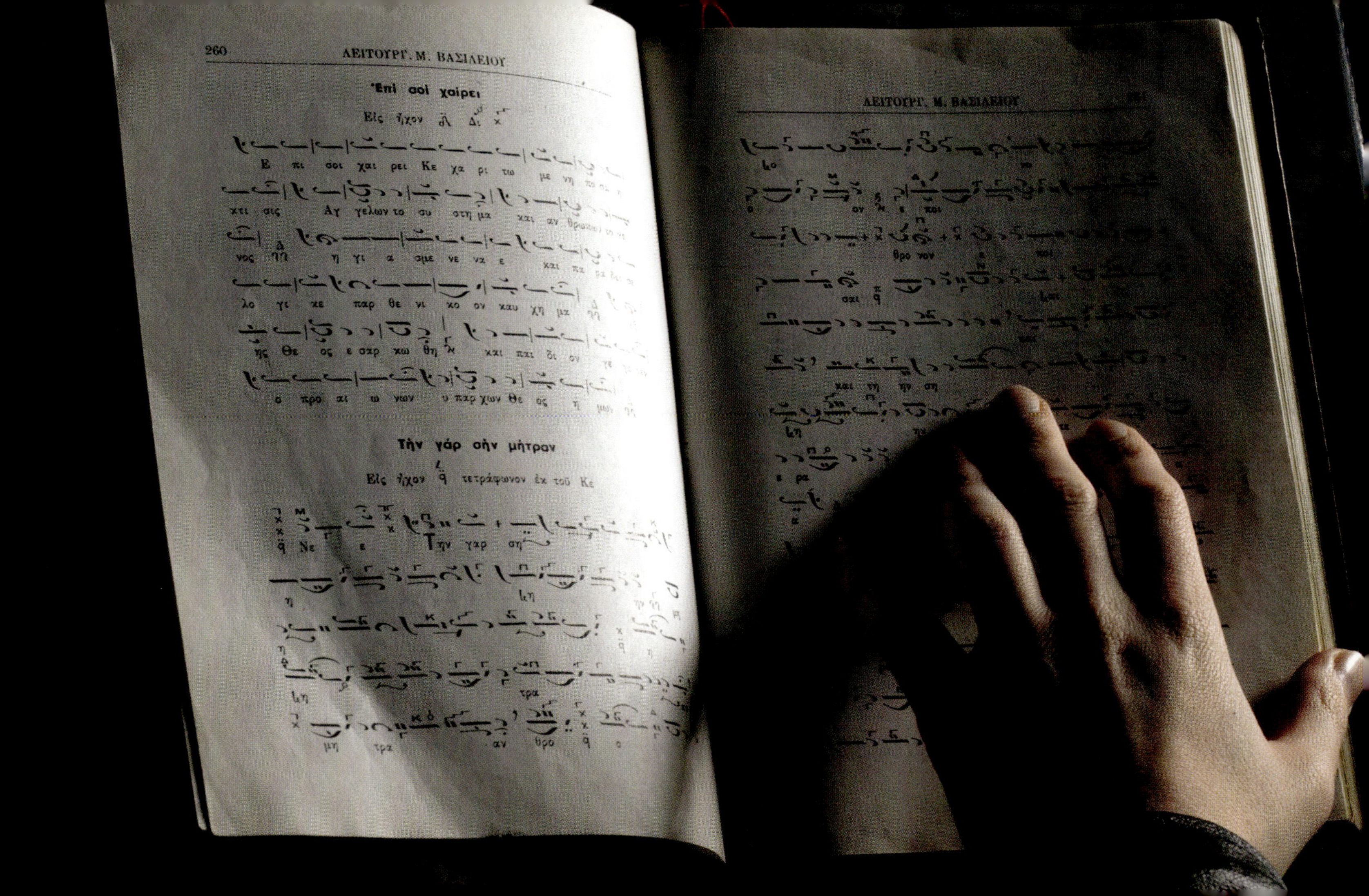
260
ΛΕΙΤΟΥΡΓ. Μ. ΒΑΣΙΛΕΙΟΥ
Ἐπὶ σοὶ χαίρει
Τὴν γάρ σὴν μήτραν
ΛΕΙΤΟΥΡΓ. Μ. ΒΑΣΙΛΕΙΟΥ

Tu ne dois désirer pour toi absolument aucun changement,
si ce n'est de toi-même,
de ta connaissance
et de ta volonté.

Guigues Ier le Chartreux (1083-1136)

Dans la région de la Gruyère, la chartreuse de la Valsainte est un foyer spirituel important de la vie catholique européenne (Suisse).

Quand dans l'homme surgit la demande de sens,
quand l'homme, attiré par la connaissance de soi-même,
commence à explorer ce qui lui est intérieur,
quand il commence à observer le monde, à écouter, à penser, à méditer, à interpréter,
et par conséquent à choisir, à décider, à assumer des sentiments et des comportements,
alors commence en lui la vie spirituelle.

Enzo Bianchi (né en 1943)

Belem, lors de la procession religieuse durant la Semaine sainte à Grenade (Espagne).

Derrière tes sentiments

et tes pensées,

mon frère,

se tient un maître plus puissant,

un sage inconnu

il s'appelle soi.

Friedrich Nietzsche (1844-1900)

Le bijou de Jennifer, jeune mariée depuis dix jours (France).

Le mystère fait l'homme.

Italo Calvino (1923-1985)

Péma, un an, bonheur de ses parents (France).

Nous sommes, je ne sais comment, doubles en nous mesmes,
qui faict que ce que nous croyons, nous ne le croyons pas,
et ne nous pouvons défaire de ce que nous condamnons.

Michel de Montaigne (1533-1592)

Durant le Festival du cheval aux Saintes-Maries-de-la-Mer (France).

On ne peut pas offrir autre chose que le « Je ».

Simone Weil (1909-1943)

Clarisse, 3 ans, avec sa poupée Sarah (France).

Tout est un,

l'un est en l'autre.

Blaise Pascal (1623-1662)

Marie-Constance, en attente de Calypso dont la naissance est prévue dans un mois (Italie).

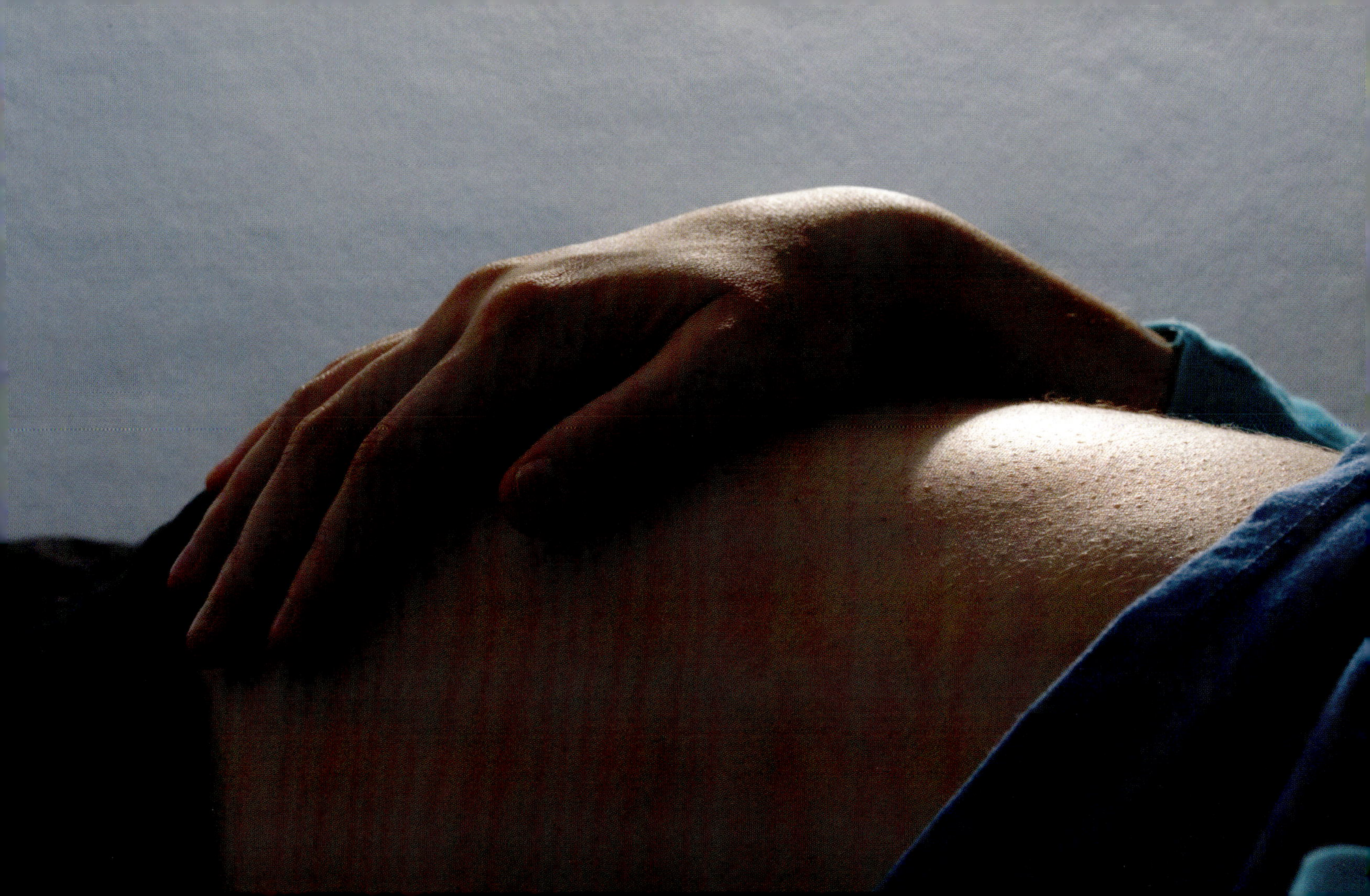

Il faut connaître (au moins un peu) pour aimer.
Et, quand on aime, on comprend l'autre.

Saint Augustin (354-430)

Sofie, un an et demi, lors de son premier voyage hors de la République tchèque.

Nous devons apprendre à vivre ensemble comme des frères,
sinon nous allons mourir tous ensemble comme des idiots.

Martin Luther King (1929-1968)

Dans le cimetière d'un village de montagne des Alpes, où s'affrontèrent les armées françaises et italiennes durant la dernière guerre mondiale (France).
Double page suivante : Orage sur l'île de Syros (Grèce).

25 février

S'inquiéter ou sourire, tel est le choix lorsque l'étrange nous assaille ;
il dépend de notre familiarité avec nos propres fantômes.

Julia Kristeva (née en 1941)

Ils peuvent parce qu'ils croient pouvoir.

Virgile (vers 70-19 av. J.-C.)

Premières du genre, les *via ferrata* des Dolomites furent inventées par les soldats italiens pour surveiller les frontières.

Le métier d'homme,

art de vivre fatal que chacun pratique au quotidien

souvent sans le savoir,

exige par conséquent bien des ressources,

une constante ingéniosité déployée pour faire de la vie une victoire,

pour assumer sa condition...

Alexandre Jollien, philosophe (né en 1975)

Clarisse, 3 ans, ne manque jamais d'imagination pour rêver sa vie (France).

Qui est plus fort que l'espoir ? La mort.
Qui est plus fort que la volonté ? La mort.
Plus fort que l'amour ? La mort.
Plus fort que la vie ? La mort.
Mais qui est plus fort que la mort ?
Moi, évidemment.

Ted Hugues (1930-1998)

Un oiseau clame l'arrivée du printemps dans le parc de l'Alhambra à Grenade (Espagne).

Pour être quelqu'un, ici et maintenant,
il faut renoncer à être un autre, ailleurs ou plus tard.

Vladimir Jankélévitch (1903-1985)

Dans les alpages aux abords de Charmey, authentique village de montagne en Gruyère, au centre d'un cirque montagneux hors du commun (Suisse).

Aimer, donner, pardonner, créer,

ces quatre mots désignent quatre formes d'initiative, quatre formes d'innocence :

sous ces quatre formes la conscience accomplit un mouvement

efférent et direct vers l'autre ou vers l'objet,

un mouvement sans retour sur soi.

Vladimir Jankélévitch (1903-1985)

Femme appartenant à une génération aux valeurs humanistes, vallée de Chamonix (France).

– Qu'est-ce qu'un vrai rêve ?

– C'est un rêve qui dure.

Et s'il dure, c'est qu'il s'est marié.

Marié avec la volonté.

Erik Orsenna (né en 1947)

Forteresse médiévale, le château de Menthon-Saint-Bernard a inspiré Walt Disney pour son film *La Belle au bois dormant* (France).

Double page suivante : Ascension de la voie Kufner dans l'envers du Mont-Blanc (France).

4 mars

Le courage croît en osant et la peur en hésitant.

Publius Syrus (85-43 av. J.-C.)

Rien ne donne plus le sens que de changer de sens.

Michel Serres (né en 1930)

Un plaisancier sur le lac du Bourget (France).

Je vous assure que pour pouvoir vivre,
l'homme doit s'armer des pieds à la tête non pas d'œillets,
mais de grands yeux bien éveillés :
des yeux dans les oreilles, pour déceler tant de faussetés et de mensonges ;
des yeux sur les mains, pour voir ce qu'il donne et plus encore ce qu'il prend ;
des yeux sur les bras, pour ne pas trop embrasser et mal étreindre ;
des yeux sur la langue même, pour considérer maintes fois ce qu'elle doit dire ;
des yeux sur le ventre, pour savoir ce qu'il a dedans ;
des yeux dans le cœur, pour voir qui l'attire à lui ou tire sur lui ;
des yeux dans les yeux même, pour voir comment ils voient ;
des yeux et puis des yeux et des yeux encore,
faisant en sorte d'être tout yeux dans un siècle si avancé.

Baltasar Gracián (1601-1658)

Daniela, polyglotte et riche de trois cultures (France).

Avant tout et surtout, prodiguons la lumière.
Tout assainissement commence par une large ouverture de fenêtres.
Ouvrons les intelligences toutes grandes.
Aérons les âmes.

Victor Hugo (1802-1885)

Habitation de la ville de Grenade qui s'est imprégnée de toutes les cultures passantes au cours des siècles (Espagne).

Tout va, tout revient,
la roue de l'existence tourne éternellement.
Tout meurt, tout refleurit,
le cycle de l'existence se poursuit éternellement.
Tout se brise, tout est à nouveau rassemblé ;
éternellement se bâtit l'édifice de l'être.

Friedrich Nietzsche (1844-1900)

Charme de la campagne de Toscane (Italie).

Commence par te considérer toi-même,
bien plus, finis par là.
Tu es le premier,
tu es aussi le dernier.

Bernard de Clairvaux (1091-1153)

Ambiance du soir dans les ruelles animées du Trastevere, à Rome (Italie).

Qu'est ceci, au regard de l'éternité ?

locution latine

Trace d'ascension dans le massif du Mont-Blanc (France).
Double page suivante : Le lac Blöndulon, au nord de l'Islande.

11 mars

Je voulais vivre aussi loin qu'un homme peut penser.

Henry David Thoreau (1817-1862)

QUE SAIS-JE ?

La liberté commence où l'ignorance finit.

Victor Hugo (1802-1885)

Classe de sciences à l'École ecclésiastique de l'île de Patmos (Grèce).

J'ai cherché partout le bonheur,
mais je ne l'ai trouvé nulle part,
sinon dans un petit coin avec un petit livre.

Thomas a Kempis (1380-1471)

Péma, un an, découvre son premier livre (France).

INI LIVRE SCINTILLANT

Nul ne devient homme
s'il n'a d'abord acquis une grande expérience de soi-même,
où il se révèle à ses propres yeux,
se forge un jugement sur son propre compte
et ainsi détermine en quelque sorte sa destinée et sa vie.

Giacomo Leopardi (1798-1837)

Venise, la cité des Doges, fondée vers 568, fut capitale pendant huit siècles (1001-1797) de l'un des plus prestigieux États européens : la République de Venise (Italie).

15 mars

Science sans conscience n'est que ruine de l'âme.

François Rabelais (vers 1494-1553)

Père Thomas dans la plus grande bibliothèque monastique au monde, celle de l'abbaye bénédictine d'Admont, qui recèle des livres aussi précieux que rares (Autriche).

L'éducation est l'ennemie de la sagesse,
parce qu'elle rend nécessaire un tas de choses dont,
pour être sages, nous devrions nous passer.

Luigi Pirandello (1867-1936)

Dans les jardins du palais Farnèse à Rome, assemblage de l'artiste napolitain Antonio Cipolla réalisé à partir de pièces antiques et de moulages vers 1860 (Italie).

Connais-toi toi-même.

Socrate (470-399 av. J.-C.)

Alexandre, 35 ans, avocat (Suisse).
Double page suivante : Les fjords du Groenland, dans la région de Maniitsoq.

18 mars

Vent immense et paisible de la bibliothèque marine.
Où je peux reposer.

Tomas Tranströmer (né en 1931)

Je pense donc je suis.

René Descartes (1596-1650)

À Cracovie lors de la cérémonie pour la mort du pape Jean-Paul II, célébrée devant plus d'un million de Polonais.

Nous apprenons les alphabets et nous ne savons pas lire les arbres.
Les chênes sont des romans, les pins des grammaires,
les vignes sont des psaumes,
les plantes grimpantes des proverbes,
les sapins sont des plaidoiries, les cyprès des accusations,
le romarin est une chanson, le laurier une prophétie.

Erri de Luca (né en 1950)

Les *Crete senesi* en Toscane où se développe l'agrotourisme pour une meilleure approche du monde rural et de la nature (Italie).

Si nous avions un vrai système d'éducation,
on y donnerait des cours d'autodéfense intellectuelle.

Noam Chomsky (né en 1928)

Les habits d'un club sportif de quartier au séchage dans les ruelles de Naples (Italie).

Devenir adulte,
c'est apprendre à vivre dans le doute
et à développer, au travers des expériences,
sa propre philosophie, sa propre morale.
Éviter le « prêt-à-penser ».

Hubert Reeves (né en 1932)

Edwige, à 22 ans (Italie).

Songez que toutes les merveilles, objets de vos études, expriment l'œuvre de plusieurs générations,
une œuvre collective, exigeant de tous un effort enthousiaste et une peine certaine.
Tout cela, dans vos mains, devient un héritage.
Vous le recevez, vous le respectez, vous l'accroissez
et plus tard, vous le transmettez fidèlement à votre descendance.
Nous sommes ainsi des mortels immortels
parce que nous créons ensemble des œuvres qui nous survivent.

Albert Einstein (1879-1955)

Les jardins de l'abbaye de Fontenay, l'un des plus anciens monastères cisterciens d'Europe, chef-d'œuvre de l'art roman (France).

24 mars

Tout ce que je sais c'est que je ne sais rien.

Socrate (470-399 av. J.-C.)

Sur les pentes du volcan Hnausapollur en Islande.

Sapere aude !
Aie le courage de te servir
de ton propre entendement.
Voilà la devise des Lumières.

Emmanuel Kant (1724-1804)

Ermoúpoli, ville principale de l'île de Syros, où éclata la première grève dans l'histoire sociale de la Grèce.

Où est la Vie que nous avons perdue en vivant ?
Où est la sagesse que nous avons perdue dans la connaissance ?
Où est la connaissance que nous avons perdue par l'information ?

T. S. Eliot (1888-1965)

La joie de s'abreuver simplement à une fontaine de village (France).

Tout ce qui travaille au développement de la culture travaille aussi contre la guerre.

Sigmund Freud (1856-1939)

À Charmey, la Fête de la désalpe honore les alpagistes, les fromagers et les bêtes qui descendent de la montagne après un été de dur labeur (Suisse).

Nous avançons par problèmes et non par victoires,
ratages et rattrapages plutôt que dépassements.

Michel Serres (né en 1930)

À Venise, qui lutte ces dernières décennies contre la mer. Sa naissance par l'eau sera-t-elle suivie par un définitif engloutissement après tant de luttes séculaires (Italie) ?

La responsabilité d'éviter des conflits incombe aux hommes politiques ;
celle d'établir une paix durable, aux éducateurs.

Maria Montessori (1870-1952)

Chrystèle a pris trois années sabbatiques pour enseigner les bases essentielles à sa fille Clarisse, 3 ans (France).

Bien des progrès ont été réalisés par les hommes pour aider d'autres hommes,
mais même la bêtise peut faire des progrès...
Ces révolutions scientifiques qui ont modifié nos conceptions de la matière,
du temps, de la reproduction ou du vivant ne servent à rien
si tant de connaissances conduisent toujours à la violence, aux guerres, à la faim dans le monde.

Balthus (1908-2001)

En Islande, les chutes de Dettifoss, les plus puissantes d'Europe.

Qui ne possède pas sa pensée ne possède pas son action.

Victor Hugo (1802-1885)

Les Highland Games, compétitions sportives traditionnelles d'Écosse, datent de plus de 900 ans (Royaume-Uni).
Double page suivante : Peupliers bordant une route nationale (France).

1er avril

Le fanatisme est aveugle, il rend sourd et aveugle.
Le fanatique ne se pose pas de questions, il ne connaît pas le doute :
il sait, il pense qu'il sait.

Elie Wiesel (né en 1928)

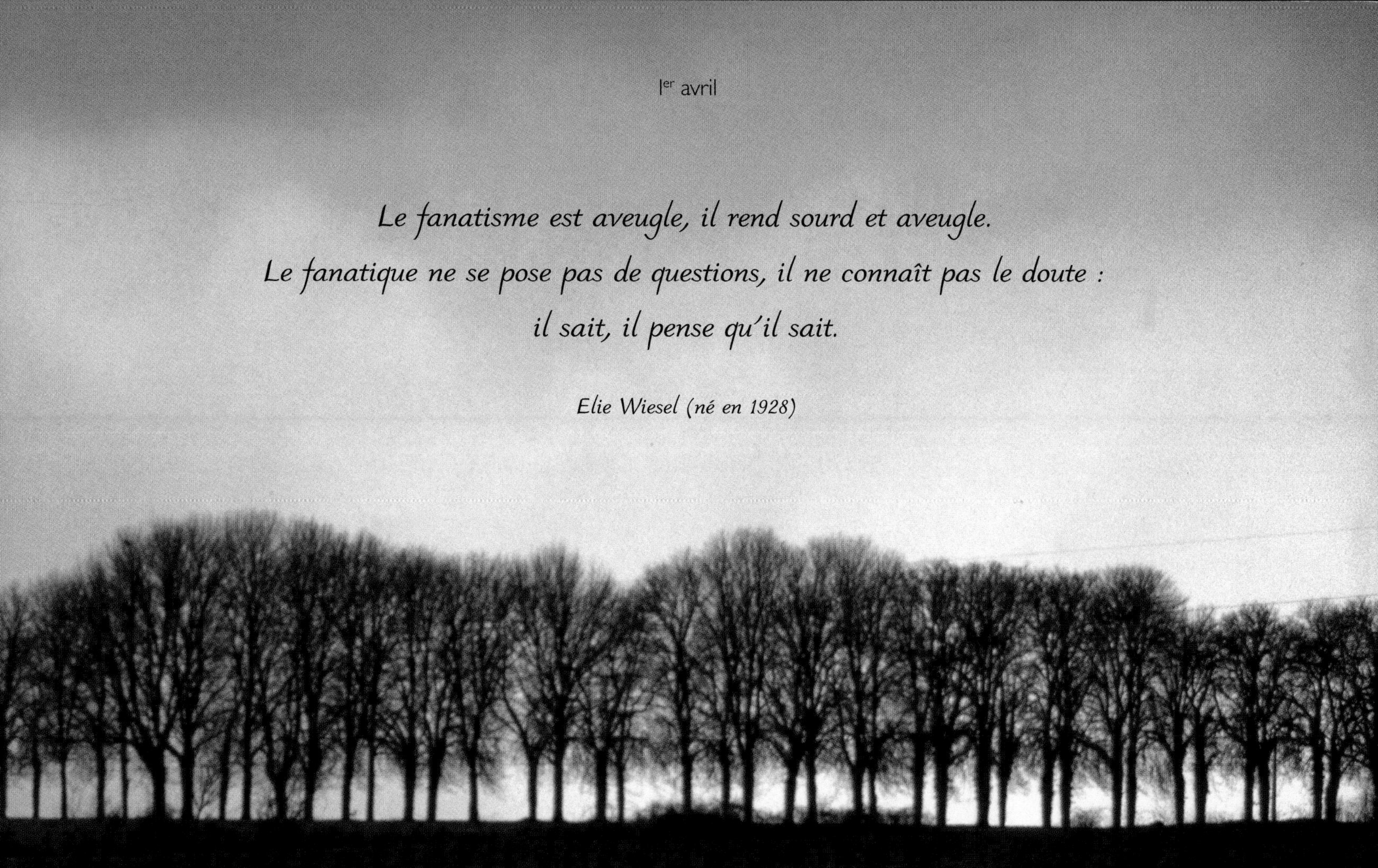

Que sais-je ?

Michel de Montaigne (1533-1592)

Porte d'entrée des Thermes nationaux d'Aix-les-Bains où foisonnent les fastes du passé (France).

D'AIX LES BAINS

Deux excès :

exclure la raison,

n'admettre que la raison.

Blaise Pascal (1623-1662)

Dans le village de Lefkes sur l'île de Paros (Grèce).

La subjectivité est la vérité ;
la subjectivité est la réalité.

Søren Kierkegaard (1813-1855)

Une dame de 91 ans a choisi la sobriété pour décorer la devanture de sa maison en Bretagne (France).

Quand on croit détenir la vérité,
il faut savoir qu'on le croit,
non pas croire qu'on le sait.

Jules Lequier (1814-1862)

En Camargue, au parc ornithologique des Saintes-Maries-de-la-Mer, transitent de nombreux oiseaux migrateurs (France).

La vérité est une illusion
et l'illusion est une vérité.

Remy de Gourmont (1858-1915)

Manifeste du surréalisme urbain, *39 George V* est l'œuvre de l'artiste plasticien Pierre Delavie qui s'applique à tordre le réel (France).

Il ne faut pas dire toute la vérité,
mais il ne faut dire que la vérité.

Jules Renard (1864-1910)

Frontière linguistique entre l'allemand et l'italien, les Dolomites sont l'un des plus beaux terrains de jeux des grimpeurs et des randonneurs (Italie).
Double page suivante : Olseaux en Camargue (France).

8 avril

Pour être authentiquement vrai, le vrai doit être communicable [...]
Nous ne sommes ce que nous sommes
que par la communauté de la compréhension consciente réciproque.

Karl Jaspers (1883-1969)

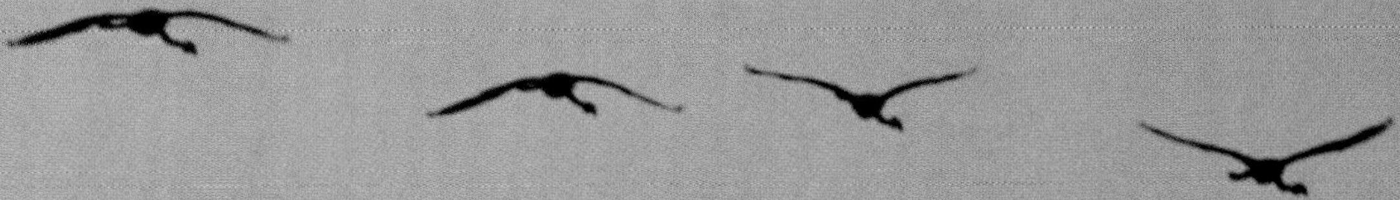

La véritable parole n'est rien d'autre que la résonance du silence

Max Picard

Passionné de ski de randonnée, Bernard fait une ascension à peaux de phoque en Maurienne (France).

L'Enfer, c'est là où il n'y a pas de pourquoi.

d'après Primo Levi (1919-1987), réchappé d'un camp de concentration

À Auschwitz, les prisonniers passaient sous l'inscription cynique au-dessus du portail d'entrée du camp de la mort *Arbeit macht frei*, (« Le travail rend libre ») (Pologne).

Nul effet provenant de la raison ne peut durer toujours,
parce que les désirs des hommes changent suivant les influences du ciel.

Dante (1265-1321)

Les moulins de Kinderdijk sont un symbole de la bataille de la Hollande contre les inondations (Pays-Bas).

Le savant n'est pas l'homme qui fournit les vraies réponses,
c'est celui qui pose les vraies questions.

Claude Lévi-Strauss (né en 1908)

Père Nicodimos, 85 ans, au monastère de Saint-Jean, fondé il y a plus d'un millénaire sur l'île de Patmos (Grèce).

La foi est une vision des choses qui ne se voient pas.

Jean Calvin (1509-1564)

La basilique Notre-Dame de Fourvière à Lyon (France).

Aime la vérité, mais pardonne à l'erreur.

Voltaire (1694-1778)

Dans le petit port de pêche de Naoussa, sur l'île de Paros, dans les Cyclades (Grèce).
Double page suivante : Sur son promontoire herbeux, l'église de Vik domine l'Atlantique nord, en Islande.

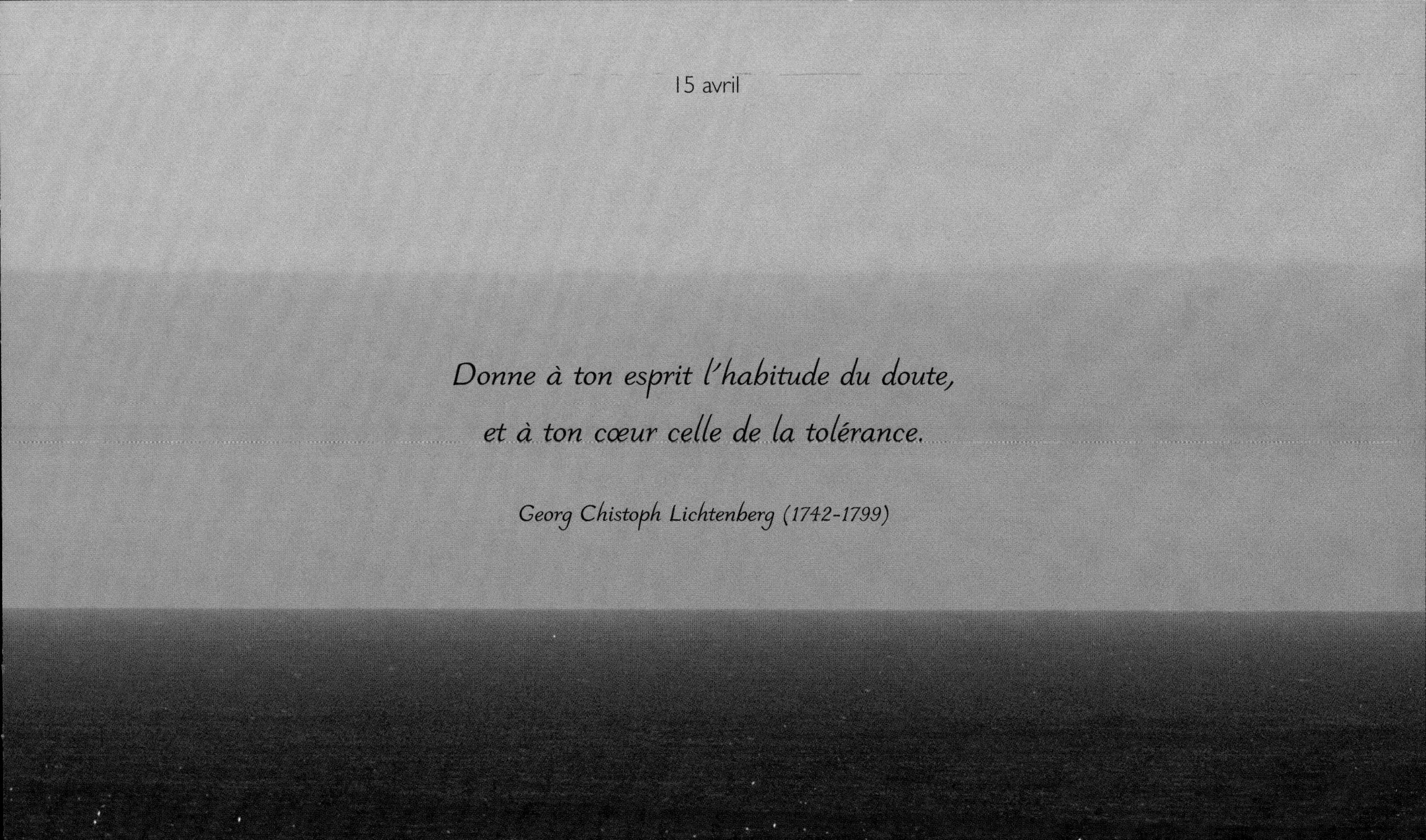

Donne à ton esprit l'habitude du doute,
et à ton cœur celle de la tolérance.

Georg Chistoph Lichtenberg (1742-1799)

Prenez garde, frère Sancho,
que cette aventure et celles qui lui ressembleront
ne sont pas aventures d'îles,
mais de carrefours.

Miguel de Cervantès (1547-1616)

Panneaux de direction au Groenland.

North Pole 3 hr
15 m
Rome 5 hrs.
40 min.
New York
Moscow 5 hrs
20 m

Personne ne doit, et ne peut dévoiler les mystères de l'existence humaine ;
il y a sur le chemin de la vie des pierres contre lesquelles tout voyageur vient heurter.
C'est au poète à les signaler.

Johann Wolfgang von Goethe (1749-1832)

Des randonneurs dans le parc naturel régional du Pilat (France).

Les paradoxes mènent à la vérité.

Pour voir ce que vaut la réalité, il faut la voir danser sur une corde.

Quand les vérités deviennent acrobates, nous pouvons porter un jugement sur elles.

Oscar Wilde (1854-1900)

Lors des processions religieuses durant la Semaine sainte, les *nazarenos* sont habillés de la tunique de la confrérie et coiffés d'une cagoule à pointe pour préserver l'anonymat de leur pénitence (Espagne).

Ce que j'aime du voyage, c'est l'étonnement du retour.

Stendhal (1783-1842)

Dans la province de Hollande, le port de plaisance d'Edam, ville de renommée internationale grâce à son fromage (Pays-Bas).

Le désir engendre la pensée.

Plotin (205-270)

De retour de l'école à Thônes, Lana, 5 ans, redessine fièrement à sa maman ce qu'elle y a appris (France).

Le seul véritable voyage, le seul bain de Jouvence,
ce ne serait pas d'aller vers de nouveaux paysages, mais d'avoir d'autres yeux,
de voir l'univers avec les yeux d'un autre, de cent autres,
de voir les cent univers que chacun d'eux voit,
que chacun d'eux est.

Marcel Proust (1871-1922)

Au centre de Berlin, le Kunsthaus Tacheles est l'un des symboles de la culture alternative (Allemagne).

MATOU

Le chemin droit et le contourné,
c'est un seul et même chemin.

Héraclite (entre 544 et 541-480 av. J.-C.)

Méandres et herbe rase au Plan du lac
dans le parc national de la Vanoise (France).

Dans cet espace du doute,
j'ai souvent trouvé une sorte d'émissaire du destin
pour me désigner un chemin favorable,
ou bien encore un passeur reliant la rive
marquant le déclin d'une quête à celle du renouvellement.

Pierre Rabhi (né en 1938)

Signora del Vento, bateau de dix-sept voiles, durant une escale à Syracuse en Sicile (Italie).

Ce n'est pas l'abondance de la science,
mais le sens et le goût intérieur des choses
qui habituellement comblent le désir de l'âme.

Ignace de Loyola (1491-1556)

Fresque murale à la maison du Poète tragique à Pompéi (Italie).

Si la vérité est liée à la communication,
la vérité elle-même ne peut être qu'en devenant
et, dans sa profondeur, elle n'est pas dogmatique mais communicative.

Karl Jaspers (1883-1969)

Tristesse et émotion lors de la cérémonie à la mémoire de Jean-Paul II, célébrée devant plus d'un million de Polonais à Cracovie.

Si l'on écrit, cela veut dire [...]
que l'on choisit un autre moyen de réaction,
une autre façon de communiquer,
une distance, un temps de réflexion.

J.M.G. Le Clézio (né en 1940)

Écritoire de prestige (France).

Quand je connaîtrais tous les mystères, [...]
que je posséderais toute science, [...]
si je n'ai pas la charité,
je ne suis rien !

François d'Assise (1182-1226)

À Charmey, la Fête de la désalpe honore les alpagistes, les fromagers et les bêtes qui redescendent de la montagne en fin d'été (Suisse).

Nous sommes comme des nains juchés sur les épaules de géants [les Anciens],
de telle sorte que nous puissions voir plus de choses et de plus éloignées que n'en voyaient ces derniers.
Et cela, non point parce que notre vue serait puissante ou notre taille avantageuse,
mais parce que nous sommes portés et exhaussés par la haute stature des géants.

Bernard de Chartres (vers 1130-1160)

Au Museo dell'Opera del Duomo à Sienne, où fut transféré le vitrail de la cathédrale, œuvre de Duccio di Buoninsegna (1255-1319) (Italie).

Rien n'est jamais plus urgent que l'essentiel.

Édouard Glissant

La nature dans toute sa grâce dans les alpages au mois de juin (France).

Le monde est infini
non seulement dans toutes les directions de l'espace,
mais aussi dans ses vérités.

René Barjavel (1911-1985)

Landmannalaugar, l'une des régions les plus spectaculaires de l'Islande.

Ce qu'il y a de grand dans l'homme,
c'est qu'il est un pont et non un but :
ce que l'on peut aimer en l'homme,
c'est qu'il est un passage et un déclin.

Friedrich Nietzsche (1844-1900)

Varunee, jeune photographe, court pour saisir une belle photo (Islande).

Vite, vite, ô penseurs. Faites respirer le genre humain.
Versez l'espérance, versez l'idéal, faites-le bien.

Victor Hugo (1802-1885)

Aksel, jeune Groenlandais de Maniitsoq.

Las de tous ceux qui viennent avec des mots,
des mots mais pas de langage,
je partis pour l'île recouverte de neige.
L'indomptable n'a pas de mots.
Ses pages blanches s'étalent dans tous les sens !
Je tombe sur les traces de pattes d'un cerf dans la neige
Pas de mots, mais un langage.

Tomas Tranströmer (né en 1931)

Charme hivernal de la campagne (France).

J'habite la demeure du possible,
Elle a plus de portes et de fenêtres,
Que la demeure de la raison.

Emily Dickinson (1830-1886)

La petite église Andros sur l'île de Tinos (Grèce).

On se lasse de tout, sauf de comprendre.

attribué à Virgile (vers 70-19 av. J.-C.)

Juliette, 32 ans, juriste (Suisse).

Ce point est la montagne
à gravir sans agir,
Intelligence !

Maître Eckhart (vers 1260-1327)

Le lac d'Annecy, réputé pour sa beauté (France).

OÙ SUIS-JE ?

7 mai

Il est bon de savoir quelque chose des mœurs de divers peuples,
afin de juger des nôtres plus sainement,
et que nous ne pensions pas que tout ce qui est contre nos modes soit ridicule et contre raison,
ainsi qu'ont coutume de faire ceux qui n'ont rien vu.

René Descartes (1596-1650)

Un quartier de la ville de Grenade qui s'est imprégnée de toutes les cultures passantes au cours des siècles (Espagne).

Depuis la lune on ne saurait parler de bien ou de mal.
Le monde n'est jamais bon ou mauvais,
pas plus qu'il n'est bleu ou jaune.

Georg Brandes (1842-1927)

Dans la vallée glaciaire d'Aurlandsdalen en Norvège.

La croyance en l'existence d'autres êtres humains comme tels
est AMOUR.

Simone Weil (1909-1943)

Les Groenlandais ont massivement voté en faveur de l'autonomie élargie vis-à-vis du Danemark.

L'être le plus fort au monde
sera toujours le plus solitaire.

Henrik Ibsen (1828-1926)

Depuis le XIXe siècle, des bateaux à aubes de la Belle Époque desservent les localités suisses et françaises autour du lac Léman.

Être fixé dans la différence, c'est être serf ;
être libre à l'égard de la différence, c'est être maître.

Friedrich Hegel (1770-1831)

Concours de danse durant les Braemar Royal Highland Gathering, compétitions sportives traditionnelles d'Écosse (Royaume-Uni).

Quand un homme ou une femme est persécuté
en raison de sa race, de sa religion ou de ses opinions politiques,
la place où il se trouve doit devenir à ce moment précis le centre de l'univers.

attribué à Elie Wiesel (né en 1928)

En Suisse, pays neutre mais très actif à l'échelle mondiale, où la promotion des droits de l'homme constitue un objectif majeur de la politique étrangère.

13 mai

Chacun appelle barbarie
ce qui n'est pas de son usage.

Michel de Montaigne (1533-1592)

La corrida du Centaure d'or aux Saintes-Maries-de-la-Mer (France).

SORTIE
RESERVE
PORTIER

Même si tu penses différemment
je ferai tout pour que tu puisses le dire.

Enzo Bianchi (né en 1943)

Lavande et coquelicot, charme de la Drôme provençale (France).

Le respect [...] est quelque chose qu'on ressent pour autrui ;
le respect est donc intermédiaire
entre le comportement vide de la tolérance et la positivité toute gracieuse de l'amour,
entre l'observance cérémonielle et la charité.

Vladimir Jankélévitch (1903-1985)

Sur le petit port de pêche de Naoussa, sur l'île de Paros, dans les Cyclades (Grèce).

16 mai

Ne pas railler, ne pas pleurer, ne pas haïr,
mais comprendre.

Baruch Spinoza (1632-1677)

Le massif des Dolomites (Italie).

Le principal organe de la vision, c'est la pensée.
On voit avec nos idées...

Boris Cyrulnik (né en 1937)

La cathédrale de Monreale est une merveille de l'art arabo-normand, mariant tous les styles des occupants successifs (Sicile).

BACHVS.

Moi, j'admire, ébloui, la grandeur des petits.

Victor Hugo (1802-1885)

Lili Leone, 3 ans, retrouve son cousin Valdemar Christian, 4 ans, durant leurs vacances à Skagen, au nord du Danemark.

L'apprenti [...] s'assit pour écrire l'Aveuglement afin de rappeler à celui qui le lirait
que nous faisons un usage pervers de notre raison quand nous humilions la vie,
que la dignité de l'être humain est tous les jours insultée par les puissants de ce monde,
que le mensonge universel a pris la place des vérités plurielles,
que l'homme a cessé de se respecter lui-même
quand il a perdu le respect qu'il devait à son semblable.

José Saramago (né en 1922)

En Camargue, au parc ornithologique des Saintes-Maries-de-la-Mer, transitent de nombreux oiseaux migrateurs (France).
Double page suivante : Préalpes fribourgeoises au crépuscule (Suisse).

20 mai

Celui qui distingue des catégories est d'avance étranger à l'esprit de l'amour.

Vladimir Jankélévitch (1903-1985)

On tue un homme, on est un assassin.

On tue des millions d'hommes, on est un conquérant.

On les tue tous, on est un dieu.

Jean Rostand (1894-1977)

Détail d'une œuvre de Pio Fedi (1816-1892) à la Loggia della Signoria à Florence (Italie).

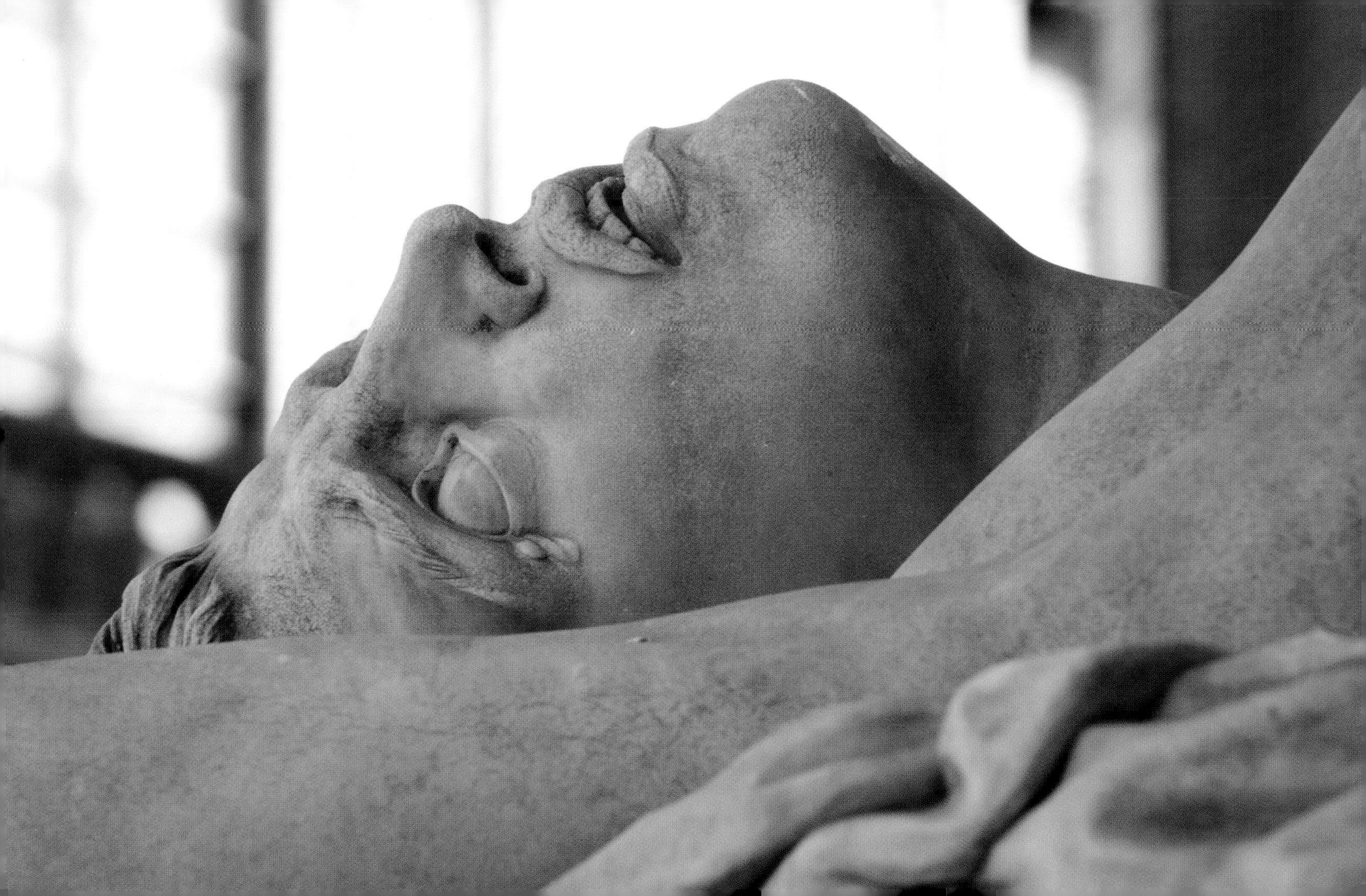

Il faudrait des dieux pour donner des lois aux hommes.

Jean-Jacques Rousseau (1712-1778)

Petite chapelle au pied des Tre Cime di Lavaredo, dans les Dolomites (Italie).

Que les frères n'aient entre eux aucune autorité ou domination [...]
mais que celui que veut être le plus grand parmi eux se fasse leur ministre et serviteur,
et que le plus grand parmi eux soit comme le plus petit.

François d'Assise (1182-1226)

Durant les fameuses Braemar Royal Highland Gathering, compétitions sportives traditionnelles d'Écosse (Royaume-Uni).

HUNTLY
DRUM MAJOR
BILL BARCLAY
Glenfiddich
12
DRUM MAJOR

De quel droit le collectif nous délie-t-il de l'obligation sainte de ne pas tuer ?
De quel droit nous ramène-t-il à l'état de la bête ?

Michel Serres (né en 1930)

Mime de rue polonais, Janusz se produit dans toute l'Europe.

Selon que c'est vous ou moi qui souffrons,
le paysage de la vie change du tout au tout.

Vladimir Jankélévitch (1903-1985)

Sozoula, 17 ans, étudiante sur l'île de Patmos (Grèce).

Plus les hommes connaissent leur extraordinaire sensibilité,
leurs talents illimités et leur grande diversité,
plus ils sont capables d'estimer leur propre valeur comme celle des autres.

Edward T. Hall (né en 1914)

Les origines de Mdina, capitale médiévale de Malte, remontent à plus de 4 000 ans.
Double page suivante : Statues bordant la place Saint-Pierre de Rome où se tient la foule pour recevoir la bénédiction du pape lors des grandes fêtes religieuses, au Vatican.

27 mai

La guerre, c'est la guerre des hommes,
la paix, c'est la guerre des idées.

Victor Hugo (1802-1885)

Aucune société n'est parfaite.
Toutes comportent par nature une impureté incompatible avec les normes qu'elles proclament,
et qui se traduit concrètement par une certaine dose d'injustice, d'insensibilité, de cruauté.

Claude Lévi-Strauss (né en 1908)

Vieux balcon usé par le soleil dans un village des Alpes françaises.

Le monde est dangereux à vivre !
Non pas tant à cause de ceux qui font le mal,
mais à cause de ceux qui regardent et laissent faire.

attribué à Albert Einstein (1879-1955)

Troupeau de moutons dans les brumes des marais du Mont-Saint-Michel (France).

Aurons-nous la témérité de prétendre que nous ne sommes pas responsable des maux que connaît le monde d'aujourd'hui ?

Alexandre Soljenitsyne (1918-2008)

Les installations de la centrale thermique du Tricastin alimentent un vaste complexe voué à l'industrie nucléaire (France).

Ô Liberté, que de crimes on commet en ton nom !

Madame Roland sur le chemin de la guillotine (1754-1793)

Dans le Nærøyfjorden, en Norvège, les mouettes fuient la pluie qui menace.

Pour lutter efficacement contre le mal,
il faut savoir intérioriser la guerre pour vaincre en soi le mal.
Il faut mener la guerre la plus dure,
qui est la guerre contre soi-même.

Athénagoras (1886-1972)

Manuel, 85 ans, aime se reposer chaque midi sur la place du village d'Albuñuelas (Espagne).

L'amour [...] ne soigne pas les symptômes du mal
mais il s'en prend à ses causes ;
il extirpe la racine même du ressentiment.

Vladimir Jankélévitch (1903-1985)

Déclarations d'amour gravées sur un tronc dans le parc de l'Alhambra à Grenade (Espagne).

AW
BR
BY

Il y a deux sortes de vérités :
les petites et les grandes.
Vous pouvez reconnaître
une petite vérité à son contraire,
qui est un mensonge.
Mais le contraire d'une grande vérité
est une autre grande vérité.

Niels Bohr (1885-1962)

Sur le chemin du glacier de Langjökull, au centre de l'Islande.

La liberté consiste à pouvoir faire tout ce qui ne nuit pas à autrui.

Déclaration des droits de l'homme et du citoyen, article 4 (1789)

En campagne, une solidarité naturelle permet aux gens de s'entraider et se relier, dans toutes les difficultés (France).

D'abord, sois libre ;
ensuite demande la liberté.

Fernando Pessoa (1888-1935)

Loquet de bergerie dans un village des Alpes françaises.

L'oiseau sauvage ne se laissera jamais enfermer dans une cage.

Henrik Ibsen (1828-1906)

Jeune homme, en Pologne, pays carrefour dépourvu de frontières naturelles, qui fut extrêmement exposé aux invasions.

La liberté authentique de l'homme se manifeste
lorsqu'il devient capable de don de soi.

Enzo Bianchi (né en 1943)

Le trésor de la cathédrale de Monreale contient trois tombeaux de marbre et un autel renfermant les entrailles de Saint Louis, mort de la peste à Tunis (Sicile).

La liberté n'est ni une invention juridique ni un trésor philosophique [...].
Elle résulte d'une relation objective entre l'individu et l'espace qu'il occupe,
entre le consommateur et les ressources dont il dispose.

Claude Lévi-Strauss (né en 1908)

On raconte à Burano que la couleur de ses habitations est choisie par les femmes afin que leurs époux pêcheurs puissent repérer leur maison par temps de brume (Italie).

La liberté d'un homme est une parcelle de liberté universelle,
vous ne pouvez toucher à l'une sans compromettre l'autre tout à la fois.

Victor Schoelcher (1804-1893)

Les casiers prêts pour la pêche à Roscoff, en Bretagne (France).
Double page suivante : Les Hautes Terres d'Écosse, nature sauvage à l'état pur (Royaume-Uni).

10 juin

Les libertés ne se donnent pas, elles se prennent.

Piotr Alekseïevitch Kropotkine (1842-1921)

La liberté, c'est aimer.

Tant que tu ne fais le bien que par crainte, tu n'aimes pas Dieu.

Tant que tu agis comme un esclave, tu n'aimes pas.

Tu aimes, tu es libre.

Au lieu de craindre le châtiment, aime la justice.

Saint Augustin (354-430)

Émotion partagée lors de la procession religieuse durant la Semaine sainte à Grenade (Espagne).

L'amour est la continuité de la justice ; l'amour est la volonté de la justice.
Aucun mécanisme social ne remplace cette bonne volonté,
cette inspiration d'une bienveillance éloquente et ingénieuse
qui est la seule raison suffisante du désintéressement,
la seule garantie permanente de la paix.

Vladimir Jankélévitch (1903-1985)

Après quatre mois passés sur les alpages, voici venu le temps de la transhumance descendante, que célèbre la Fête de la désalpe à Charmey (Suisse).

Il est effrayant de penser que cette chose qu'on a en soi, le jugement, n'est pas la justice.
Le jugement, c'est le relatif. La justice, c'est l'absolu.
Réfléchissez à la différence entre un juge et un juste.

Victor Hugo (1802-1885)

Grand foyer spirituel et intellectuel de l'Occident médiéval, l'abbaye du Mont-Saint-Michel devint une prison sous la Révolution et l'Empire (France).

« Oui » et « non »
sont les mots les plus courts et les plus faciles à prononcer
et ceux qui demandent le plus d'examen.

Talleyrand (1754-1838)

Cérémonie de mariage civil à l'Hôtel de Ville d'Évian (France).

Si je savois quelque chose qui me fût utile, et qui fût préjudiciable à ma famille,
je la rejetterois de mon esprit.
Si je savois quelque chose qui fût utile à ma famille et qui ne le fût pas à ma patrie,
je chercherois à l'oublier.
Si je savois quelque chose utile à ma patrie, et qui fût préjudiciable à l'Europe et au Genre humain,
je la regarderois comme un crime.

Montesquieu (1689-1755)

Pigeonnier traditionnel au centre de l'île de Tinos (Grèce).

J'ai personnellement plus de plaisir à comprendre les hommes qu'à les juger.

Stefan Zweig (1881-1942)

Il est difficile pour les gondoliers de Venise de survivre : charges élevées, crédit sur la gondole, périodes creuses, clients moins fortunés qu'autrefois (Italie).
Double page suivante : Les moulins de Kinderdjik sont un symbole de la bataille de la Hollande contre les inondations (Pays-Bas).

SERVIZIO
GONDOLE

17 juin

Juger en hâte n'est jamais sûr.

Sophocle (496-405 av. J.-C.)

Et je dis que l'Humanité a un synonyme : Égalité.

Victor Hugo (1802-1885)

Connivence entre Juliette et Alexandre, partageant quatorze ans de vie commune (Suisse).

À mesure que l'homme avance en civilisation,
et que les petites tribus se réunissent en communautés plus nombreuses,
la simple raison indique à chaque individu qu'il doit étendre ses instincts sociaux et sa sympathie
à tous les membres de la même nation, bien qu'ils ne lui soient pas personnellement connus.
Ce point atteint, une barrière artificielle seule peut empêcher ses sympathies de s'étendre
à tous les hommes de toutes les nations et de toutes les races.
L'expérience nous prouve, malheureusement, combien il faut de temps
avant que nous considérions comme nos semblables les hommes
qui diffèrent considérablement de nous par leur aspect extérieur et par leurs coutumes.

Charles Darwin (1809-1882)

Le pays de Galles, une région à l'histoire aussi riche que sa langue et son patrimoine naturel (Royaume-Uni).

Agis de telle sorte que tu traites l'humanité
aussi bien dans ta personne que dans la personne de tout autre ;
toujours en même temps comme une fin,
et jamais simplement comme un moyen.

Emmanuel Kant (1724-1804)

Hosanna, jeune Gitane aux Saintes-Maries-de-la-Mer (France).

Les hommes naissent et demeurent libres et égaux en droits.
Les distinctions sociales ne peuvent être fondées que sur l'utilité commune.

Déclaration des droits de l'homme et du citoyen, article 1 (1789)

Frère Nicolas balaie les feuilles d'automne à l'entrée de la chartreuse de la Valsainte (Suisse).

Une seule fierté m'habite : être un homme avec des droits et des devoirs égaux,
partager la même condition, ses souffrances, ses joies, son exigence.
Cette fierté nous rassemble tous, le sourd comme le boiteux, l'Éthiopien comme le bec-de-lièvre,
le juif comme le cul-de-jatte, l'aveugle comme le trisomique, le musulman comme le SDF,
vous comme moi.
Nous sommes des Hommes !

Alexandre Jollien, philosophe (né en 1975)

Péma, 20 ans, jeune Tibétaine suisse et française, militante pour une égalité de l'humanité.

Le droit à avoir des droits
ou le droit pour chaque individu d'appartenir à l'humanité
devrait être garanti par l'humanité elle-même.

Hannah Arendt (1906-1975)

Procession de Sara, la sainte patronne des Gitans, lors du pèlerinage des Gitans aux Saintes-Maries-de-la-Mer (France).
Double page suivante : Sofie, un an et demi, lors de son premier voyage hors de la République tchèque.

Que serait la justice sans la fidélité d'hommes justes ?
Que serait la liberté sans la persévérance d'hommes libres ?

Enzo Bianchi (né en 1943)

L'homme est ce qu'il fait !

André Malraux (1901-1976)

Les *Crete senesi* en Toscane qui ont inspiré tant d'artistes, peintres, poètes, écrivains ou cinéastes (Italie).

Je fais encore le rêve qu'un jour,
chaque homme de ce pays,
chaque homme de couleur,
dans le monde entier,
sera jugé sur sa valeur personnelle
plutôt que sur la couleur de sa peau.

Martin Luther King (1929-1968)

Houda, 21 ans, étudiante marocaine à HEC, l'une des plus prestigieuses écoles de commerce françaises.

L'humanité est constamment aux prises avec deux processus contradictoires
dont l'un tend à instaurer l'unification,
tandis que l'autre vise à maintenir ou à rétablir la diversification.

Claude Lévi-Strauss (né en 1908)

Les vignobles valaisans sont réputés pour la qualité et la diversité de leurs vins (Suisse).

Une grande misère parmi les hommes,
c'est qu'ils savent si bien ce qui leur est dû
et qu'ils sentent si peu ce qu'ils doivent aux autres.

François de Sales (1567-1622)

Cœur de la ville de Venise, la Piazza San Marco abrite le célèbre Café Florian avec son orchestre symphonique en terrasse (Italie).

La valeur d'un accomplissement réside davantage dans la quête que dans le résultat.

Albert Einstein (1879-1955)

Lamprini, 88 ans, de retour de la montagne où paissent ses chèvres, dans l'île de Tinos (Grèce).

*Aujourd'hui, devant l'ampleur des problèmes sociaux
et l'incapacité manifeste du marché et de l'État à les résoudre,
le don est en passe de redevenir une condition objective, socialement nécessaire,
de la reproduction de la société.*

Maurice Godelier (né en 1934)

Offrande dans l'église Santa Maria dans le quartier du Trastevere à Rome (Italie).

Peut-être le monde serait-il un peu plus vivable
si nous savions comment réunir des mots qui errent de-ci de-là.

José Saramago (né en 1922)

Mur peint dans le Kunsthaus Tacheles à Berlin, c'est l'un des symboles de la culture alternative (Allemagne).
Double page suivante : Les *Crete senesi* en Toscane ont acquis une réputation de beauté et d'harmonie (Italie).

ist illegal
Make:Shift records
Freiheit statt Angst
STAY FREE RESIST
X STOP CASTOR
www.TACHELES
elf

2 juillet

Révolution, sera le nom de la civilisation
jusqu'à ce qu'il soit remplacé par le mot Harmonie.

Victor Hugo (1802-1885)

QUI SUIS-JE ?

3 juillet

Notre vraie nationalité est l'humanité.

H. G. Wells (1866-1946)

Promenade en famille dans les Pré-alpes des Bauges à l'automne (France).

L'homme essentiel est l'homme de la paix.

Vladimir Jankélévitch (1903-1985)

Paola, lors de la procession religieuse durant la Semaine sainte à Grenade (Espagne).

Rien n'est si beau que de servir les autres de sa science et de sa force.

Sophocle (496-405 av. J.-C.)

À 72 ans, Benito est l'un des derniers cordonniers de Syracuse (Italie).

Nous sommes dans une société qui libère, comme aucune autre ne l'a fait,
toutes les forces, les potentialités qui sommeillent dans l'individu,
mais qui pousse aussi chaque individu à se désolidariser des autres tout en se servant d'eux.

Maurice Godelier (né en 1934)

Alpinistes dans la vallée Blanche dont le télécabine relie l'aiguille du Midi (3 842 m) à la pointe Helbronner (3 462 m) dans le massif du Mont-Blanc (France).

Chacun doit s'intéresser à l'innocent opprimé,
sous peine d'être victime à son tour,
quand viendra un plus fort que lui pour l'asservir.

Victor Schœlcher (1804-1893)

Des mesures récentes ont été prises pour interdire la mendicité dans le centre historique de Venise (Italie).

La pitié est une percée illégale au travers de l'impitoyable, de l'implacable légalité.
Pardonnant au coupable,
elle pratique dans la rigueur inflexible du droit la première ouverture amoureuse ;
elle inaugure ainsi l'ordre nouveau de la clémence et de l'équité,
qui est initiation à la grâce.

Vladimir Jankélévitch (1903-1985)

La nature, charme intemporel de la campagne (France).

Nous devons proportionner le châtiment,
non au crime qui est grand,
mais au criminel qui est petit.

Victor Hugo (1802-1885)

La plage de sable noir de Reynisfjara en Islande.

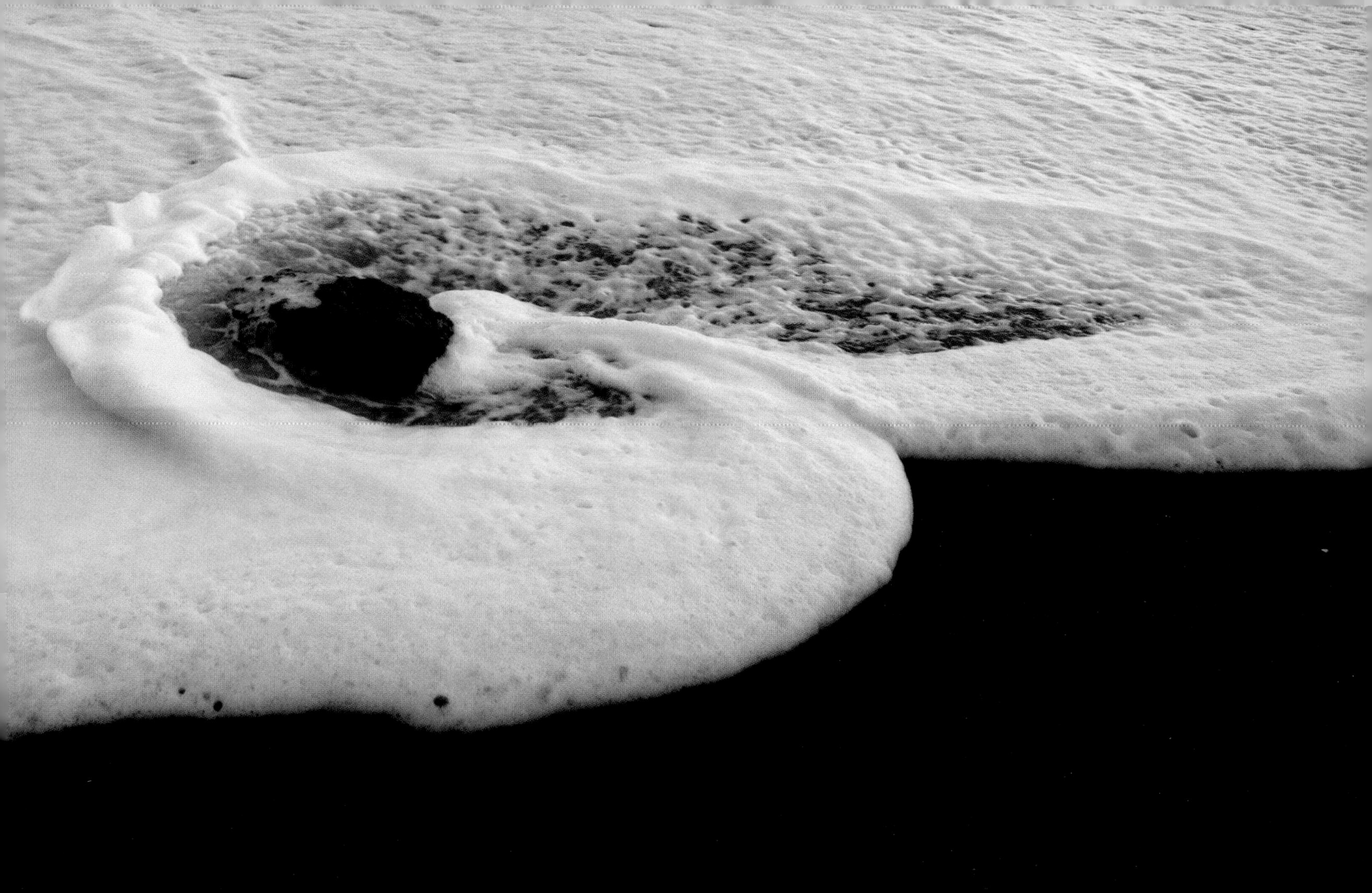

Aucune société ne peut être prospère et heureuse,
dans laquelle la plus grande partie des membres est pauvre et misérable.

Adam Smith (1723-1790)

Esplanade au pied de la tour de veille de l'Alhambra à Grenade (Espagne).

Si nous possédions des biens, il nous faudrait des armes pour les protéger.
Car c'est de la propriété que proviennent les contestations et les chicanes,
et c'est par là que l'amour de Dieu et du prochain est le plus souvent violé.
C'est pourquoi nous ne voulons avoir nulle propriété en ce monde.

François d'Assise (1182-1226)

Une famille naturiste savoure le calme des plages de la mer du Nord, sur la côte septentrionale du Jutland (Danemark).

On ne comprend absolument rien à la civilisation moderne
si l'on n'admet pas tout d'abord qu'elle est une conspiration universelle contre toute espèce de vie intérieure.

Georges Bernanos (1888-1948)

Père Aloïs au retour de sa prière, dans la chartreuse de la Valsainte, foyer spirituel important de la vie catholique européenne (Suisse).

Tu souffres pour t'être attaché à des biens inférieurs
et qui passent, quand vient leur tour.

Guigues Ier le Chartreux (1083-1136)

La ville ancienne de Pompéi, détruite et ensevelie lors de l'éruption du Vésuve après plus de mille ans de sommeil en 79 après J.-C. (Italie).

Je n'ai plus peur de rien, car « l'amour chasse la peur ».
Je suis désarmé de la volonté d'avoir raison,
de me justifier en disqualifiant les autres [...].
C'est pourquoi je n'ai plus peur.
Quand on n'a plus rien, on n'a plus peur.

Athénagoras (1886-1972)

Bergerie sur l'île de Tinos (Grèce).

Il suffit qu'un seul homme soit tenu sciemment,
ou, ce qui revient au même, sciemment laissé dans la misère
pour que le pacte civique tout entier soit nul.

Charles Péguy (1873-1914)

Dans la vieille ville de Syracuse, en Sicile (Italie).
Double page suivante : Le charme de la campagne et des pommiers sauvages à l'automne (France).

La question se pose : existe-t-il encore des biens non marchands ?

Paul Ricœur (1913-2005)

Il nous faut vivre pour autrui,
si nous voulons vivre pour nous.

Sénèque (4 av. J.-C.-65 apr. J.-C.)

L'écho du Moléson, groupe de cors des Alpes réputé de la Gruyère, joue au sommet du Moléson (Suisse).

« Je » est l'ensemble des liens que je tisse avec les autres.
La conscience de soi naît de l'interaction.

Albert Jacquard (né en 1925)

Deborah danse aux Saintes-Maries-de-la-Mer, lors du pèlerinage des Gitans (France).

Tout l'essentiel de l'amour figure dans ce premier mouvement spontané et gratuit qui n'est jamais chose due, qui n'est la contre-partie de rien.

Vladimir Jankélévitch (1903-1985)

Doudou, la poupée fétiche de Lou, 3 ans et demi (France).

La meilleure part de la vie d'un homme,
ce sont ces mille petits gestes anonymes et oubliés,
emplis de bonté et d'amour.

William Wordsworth (1770-1850)

Péma, un an, bonheur de sa maman (France).

Que les frères ne s'approprient rien,
ni maison, ni lieu, ni aucune chose [...].
C'est là l'excellence de la très haute pauvreté
Qu'elle soit votre partage.

François d'Assise (1182-1226)

La méditation chrétienne cherche toujours à ouvrir le sujet à l'altérité, à la charité et à la communion.

Enzo Bianchi (né en 1943)

Messe de Pâques dans la basilique de Notre-Dame de Fourvière à Lyon (France).
Double page suivante : Au pied de la cathédrale de Syracuse, ville de Sicile fondée au VIIIe siècle av. J.-C. par des colons grecs (Italie).

DEPOSUIT POTENTES
DE SEDE

23 juillet

Un ami est un autre soi-même.

Aristote (384-322 av. J.-C.)

Le superflu finit par priver du nécessaire.

Pierre Choderlos de Laclos (1741-1803)

La haute couture honore toutes les grandes occasions (France).

25 juillet

La plupart des gens courent tellement après le plaisir qu'ils vont jusqu'à le dépasser.

Søren Kierkegaard (1813-1855)

Jogging au bord du lac d'Annecy (France).

On ne peut parvenir à la vie heureuse sans la prudence, l'honnêteté et la justice,
et que prudence, honnêteté, justice ne peuvent s'obtenir sans le plaisir.
Les vertus, en effet naissent d'une vie heureuse,
laquelle à son tour est inséparable des vertus.

Épicure (342-270 av. J.-C.)

Réserves de chauffage pour l'hiver dans le massif du Beaufortain (France).

La vulnérabilité et l'incertitude humaines
sont les fondements de tout pouvoir politique.

Zygmunt Bauman (né en 1925)

La toile de l'araignée, qui semble vulnérable, est en fait un superbe chef-d'œuvre pour capturer sa proie, se nourrir, se reproduire et se protéger.

28 juillet

La fondation de la liberté fut précédée par la libération de la pauvreté.

Hannah Arendt (1906-1975)

Au marché à Ortygie, la vieille ville de Syracuse, en Sicile (Italie).

ALUVARI-DENTICE
€4.00 Kg
ZONA FAO 37.1 37.2 37.3

Nous n'avons pas à acquérir l'humilité.
L'humilité est en nous.
Seulement nous nous humilions devant de faux dieux.

Simone Weil (1909-1943)

Sur la Piazza Navona à Rome, réputée pour ses stands populaires et son animation (Italie).
Double page suivante : Assise, lieu de naissance et de mort de François d'Assise, fondateur de l'ordre des Franciscains, canonisé en 1228 (Italie).

30 juillet

L'humilité est la mère,
la racine, la nourrice, le fondement,
le lien de toutes les autres vertus.

Jean Chrysostome (entre 344 et 354 - 407)

Les grands dangers sont au-dedans de nous.

Victor Hugo (1802-1885)

Feuille d'un vieil arbre de campagne parasité (France).

L'important ce n'est pas tellement d'avoir des souvenirs,
c'est toujours de régler ses comptes avec eux.

Umberto Eco (né en 1932)

Les orgues de basaltes sur la plage de Reynisfjara en Islande.

La folie est de toujours se comporter de la même manière
et de s'attendre à un résultat différent.

attribué à Albert Einstein (1879-1955)

En Camargue, au parc ornithologique des Saintes-Maries-de-la-Mer (France).

La vigilance exige le prix d'une lutte contre soi-même :
le veilleur est le résistant, celui qui combat
pour défendre sa propre vie intérieure.

Enzo Bianchi (né en 1943)

Le cloître de l'abbaye du Mont-Saint-Michel abrite les frères et les sœurs des Fraternités monastiques de Jérusalem qui assurent une présence spirituelle depuis 2001 (France).

Il m'a fallu des années pour me rendre compte que je portais en moi,
dans ma peau, dans mon corps, mon cœur, mon âme,
un noyau inextricable de bon et de mauvais.

Sœur Emmanuelle (1908-2008)

Chèvres en liberté dans le massif des Bauges (France).

Un être humain est libre,
non quand l'autre ne l'est pas,
mais quand l'autre l'est aussi.

Elie Wiesel (né en 1928)

Mime de rue polonais, Janusz se produit dans toute l'Europe.

Il n'y a pas de personnes innocentes,
quand on n'est pas coupable d'un crime
on est immanquablement
coupable d'une faute.

José Saramago (né en 1922)

Tout au long de son histoire, Venise a établi les rouages politiques et administratifs d'une véritable cité-État (Italie).

Ce qui compte, c'est de se savoir compris et de se savoir liés, peut-être, par la même histoire.

Elie Wiesel (né en 1928)

À Cracovie lors de la cérémonie pour la mort du pape Jean-Paul II, célébrée devant plus d'un million de Polonais.

Il est plus beau d'éclairer que de briller seulement ;
de même est-il plus beau de transmettre aux autres
ce qu'on a contemplé que de contempler seulement.

Thomas d'Aquin (1225-1274)

Procession religieuse de la Semaine sainte à Grenade (Espagne).

9 août

Dans le véritable amour, c'est l'âme qui enveloppe le corps.

Friedrich Nietzsche (1844-1900)

Sur la plage, lors du pèlerinage des Gitans aux Saintes-Maries-de-la-Mer (France).

La patience est l'attention au temps de l'autre,
dans la pleine conscience que l'on vit le temps au pluriel, avec les autres,
en en faisant un événement de relation, de rencontre, d'amour.

Enzo Bianchi (né en 1943)

À 85 ans, Adelina est l'une des dernières brodeuses dont le travail a fait la fierté et la réputation de Burano (Italie).

Amis, frères, proches, parents par alliance, concitoyens, et tous enfin,
puisque nous voulons que la société des hommes soit une,
méritent d'être recherchés pour eux-mêmes :
chacun est une fin en soi.

Cicéron (106-43 av. J.-C.)

Concentration à l'ouverture de la corrida du Centaure d'or, à la Feria du cheval en Camargue, aux Saintes-Maries-de-la-Mer (France).

Comme il y a eu des États-nations, il y aura des nations-relations.
Comme il y a eu des frontières qui séparent et distinguent,
il y aura des frontières qui distinguent et relient,
et qui ne distingueront que pour relier.

Édouard Glissant (né en 1928) et Patrick Chamoiseau (né en 1953)

Les vignobles de Bourgogne, à la saison des vendanges (France).
Double page suivante : Lors de la procession religieuse durant la Semaine sainte à Jaén, en Andalousie (Espagne).

Il faut toujours que de la tête au cœur, l'itinéraire soit direct.

Yehudi Menuhin (1916-1999)

L'identité personnelle fait aussi vibrer toute la toile de nos relations avec autrui.
On ne se trompe pas sur soi sans se tromper sur les autres
et sur la nature des relations que nous avons avec eux.

Paul Ricœur (1913-2005)

Au milieu des champs de lave, la station thermale de Blue Lagoon a une renommée internationale pour la qualité curative de ses eaux (Islande).

Plutôt que d'une amélioration de la morale, il faudrait parler d'une évolution de la sensibilité humaine qui rend certaines actions socialement inacceptables et, par là, influence les comportements.
Il faut parler de l'émergence à l'échelle de l'humanité d'un sentiment de compassion, toujours croissant et de plus en plus exprimé. C'est déjà beaucoup.
Et cela vaut la peine qu'on le mentionne…

Hubert Reeves (né en 1932)

Nino et Alice, sa fille de 4 mois, en promenade à Venise (Italie).

L'honneur, c'est la conscience extérieure,
et la conscience, c'est l'honneur intérieur.

Arthur Schopenhauer (1788-1860)

Dans le fjord de Nærøfjorden, l'un des plus impressionnants de Norvège.

Un respect croissant de la vie

favorise une prise de conscience de la crise actuelle et s'accompagne de gestes positifs.

Nous assistons à la naissance de mouvements de protection du vivant,

des humains jusqu'aux animaux et aux fleurs sauvages.

Hubert Reeves (né en 1932)

Charme de la campagne de Toscane (Italie).

20 août

Tout le monde veut l'évolution.

Personne ne veut changer.

attribué à Søren Kierkegaard (1813-1855)

Retour d'un dimanche de ski en station dans les Alpes (France).

Les philosophes n'ont fait qu'interpréter diversement le monde,
ce qui importe c'est de le transformer.

Karl Marx (1818-1883)

Les Gratte-Ciel de Villeurbanne (France).

18 août

C'est la quête qui donne son vrai sens à la rencontre
et [...] il faut beaucoup marcher pour atteindre ce qui est tout près.

José Saramago (né en 1922)

Pêcheurs en baie de Saksun Streymoy où se reposent truites et saumons durant leur quasi impossible parcours pour rejoindre le lac Saksunarvatn, aux îles Féroé (Danemark).

Une vie qui ne s'interroge pas sur soi-même n'est pas digne d'être vécue par un homme.

Platon (428-346 av. J.-C.)

Edwige, à 22 ans (Italie).

Il n'y a que deux façons de vivre sa vie :
l'une en faisant comme si rien n'était un miracle,
l'autre en faisant comme si tout était un miracle.

attribué à Albert Einstein (1879-1955)

Les *Crete senesi* en Toscane, inspiratrices de nombreux artistes (Italie).

23 août

Agis de façon que les effets de ton action soient compatibles avec la permanence d'une vie authentiquement humaine sur terre.

Hans Jonas (1903-1993)

Tavillonneur à Charmey, Vincent rejoint souvent son vieil ami dans son atelier pour bénéficier de son expérience et lui tenir compagnie (Suisse).

24 août

Chaque chose au monde porte en elle sa réponse,
ce qui prend du temps ce sont les questions.

José Saramago (né en 1922)

La petite Péma, dont le prénom signifie Lotus en tibétain, symbole de l'épanouissement spirituel (France).

Il arrive à tout homme de faillir.

Sophocle (496-405 av. J.-C.)

Dans le petit port de pêche de Naoussa, sur l'île de Paros, dans les Cyclades (Grèce).

Depuis six mille ans, la guerre plaît aux peuples querelleurs,
Et Dieu perd son temps à faire les étoiles et les fleurs.

Victor Hugo (1802-1885)

Printemps provençal (France).

Notre avenir est ouvert,
il est entre nos mains.

Jared Diamond (né en 1937)

Détente et plaisir dans les eaux cristallines de Corse (France).

OÙ VAIS-JE ?

Peuples de la terre,
laissez les paroles à leur source,
car ce sont elles qui peuvent faire avancer
les horizons dans les vrais ciels
et de leur face cachée,
tel un masque derrière lequel bâille la nuit,
aider à enfanter les étoiles.

Nelly Sachs (1891-1970)

Dans les Alpes, lever de lune sur les Aravis et les dents de Lanfon (France).

Un don, c'est évidemment « pour les autres » :
c'est la dimension la plus importante de la civilisation de l'amour.

Jean-Paul II (1920-2005)

Marie-Constance, en attente de Calypso (Italie).

On l'oublie trop souvent
on peut donner non seulement ce que l'on a,
mais aussi ce que l'on est.

Sœur Emmanuelle (1908-2008)

Margarita lors de la procession religieuse durant la Semaine sainte à Grenade (Espagne).

Ce que vous voulez que les hommes fassent pour vous,
faites-le semblablement pour eux.

Saint Luc (Ier siècle)

Dans les jardins du palais Farnèse à Rome, une œuvre du XIXe siècle s'inspirant probablement du couple Amour et Vénus de l'Antiquité (Italie).

Le pardon, quel repos !

Victor Hugo (1802-1885)

Daniel et sa fille Olga, lors de la procession religieuse durant la Semaine Sainte à Grenade. (Espagne).

Poursuis, poète, poursuis toujours
Jusqu'au fond de la nuit,
De ta voix ouverte et libre
Persuade-nous encore de nous réjouir ;

Par la culture du poème,
Fais de la malédiction une vigne
Chante l'échec de l'homme
Dans une extase de douleur ;

Dans les déserts du cœur
Que jaillisse la fontaine salvatrice ;
Dans la prison de ses jours
Enseigne à l'homme libre la louange.

David Gascoyne (1916-2001)

Vigne vierge à l'automne, sur les murs d'enceintes de l'abbaye de Fontenay (France).
Double page suivante : Martinus Lasse, 13 ans, vit à Skagen, au nord du Danemark.

3 septembre

L'amour doit être bu gratuitement, pour sa propre douceur, comme un très délicieux nectar.

Guigues Ier le Chartreux (1083-1136)

Dans la mesure où l'on s'aime, la vie est un chant de joie.

Sœur Emmanuelle (1908-2008)

Champ de lavande peu avant la récolte dans le parc régional du Lubéron (France).

Le sacrifice, ce n'est pas de consentir avec résignation,
mais de vouloir avec joie.

Vladimir Jankélévitch (1903-1985)

Messe du dimanche à Cancale en Bretagne (France).

La grande affaire et la seule qu'on doive avoir, c'est de vivre heureux.

Voltaire (1694-1778)

Au parc d'attractions de Farup, dans le Jutland-du-Nord (Danemark).

7 septembre

Il n'y a pas de vie qui ne soit immortelle l'espace d'un instant.

Wislawa Szymborska (1923-1995)

Moutons en liberté dans le Landmannalaugar, l'une des régions les plus spectaculaires d'Islande.

Le plus grand secret du bonheur, c'est d'être bien avec soi.

Bernard de Fontenelle (1657-1757)

Le village d'Hallstadt avec ses habitations typiques des Alpes bavaroises (Autriche).

Croyez pour être forts.
Aimez pour être heureux.

Victor Hugo (1802-1885)

Fin septembre, à Charmey, la Fête de la désalpe célèbre le retour des alpages (Suisse).

10 septembre

La beauté n'est que
la promesse du bonheur.

Stendhal (1783-1842)

Champ de fleurs et de lavande peu avant la récolte
dans le parc régional du Lubéron (France).

Dieu, c'est un mot en quatre lettres.
Employer un mot ou ne pas l'employer, quelle importance ?
Il faut vivre en Dieu, qu'on le prie ou non.

Sœur Emmanuelle (1908-2008)

Chapelle dans la vallée du Beaufortain (France).

Pesons le gain et la perte, en prenant le parti de croire que Dieu est.
Si vous gagnez, vous gagnez tout ; si vous perdez, vous ne perdez rien.
Pariez donc qu'il est sans hésiter.

Blaise Pascal (1623-1662)

Brouillards matinaux dans le Aurlandsfjorden, le fjord le plus spectaculaire de Norvège.

Êtes-vous religieux ?
Non pas au sens d'aller à l'église.
Les religions, les dogmes sont comme des maisons :
elles sont toujours trop étroites ou trop larges pour l'homme qui les habite.

Balthus (1908-2001)

À Cracovie, un vibrant hommage est rendu au pape Jean-Paul II, figure emblématique de l'espoir et de la Pologne postcommuniste.

Un cœur amoureux est divin.

Vladimir Jankélévitch (1903-1985)

Marta, lors de la procession religieuse de la Semaine sainte à Grenade (Espagne).

15 septembre

Vivre à même l'éternité, c'est vivre au jour le jour.

Emil Cioran (1911-1995)

L'église de Profitis Ilias sur les hauteurs de l'île de Patmos (Grèce).

Pour le poète, pour le philosophe, pour le saint,
toutes choses sont amies et sacrées,
tous les événements profitables,
tous les jours saints,
tous les hommes divins.

Ralph Waldo Emerson (1803-1882)

Printemps sur l'île de Tinos (Grèce).
Double page suivante : Objets de légendes mystérieuses, les pinacles de Reynisdrangar surgissent des eaux de l'Atlantique nord, face aux côtes islandaises.

Dieu, c'est l'incompréhensible incontestable.

Victor Hugo (1802-1885)

La charité [...] met sa joie dans la vérité.
Elle excuse tout, croit tout, espère tout, supporte tout.

Saint Paul (10-65)

Le parvis de l'église Panaghia Evanghelistria (Notre-Dame de l'Annonciation), dans l'île de Tinos, l'un des plus importants lieux de pèlerinage de l'Église orthodoxe (Grèce).

Tout homme a pour prochain tous les hommes.
On se regarde comme proches entre père et fils, entre gendre et beau-père.
Mais rien n'est si proche qu'un homme et un autre homme.

Saint Augustin (354-430)

Concentration à l'ouverture de la corrida du Centaure d'or, à la Feria du cheval en Camargue, aux Saintes-Maries-de-la-Mer (France).

C'est parce que nous reconnaissons que l'autre existe
que nous éprouvons le désir de partager avec lui la beauté d'un crépuscule,
la grâce d'un sourire, le rythme d'un poème, un souvenir, un bien,
une idée, une découverte, un idéal, une déception – une espérance.

Elie Wiesel (né en 1928)

Paysage du pays de Galles, une région à l'histoire aussi riche que sa langue et son patrimoine naturel (Royaume-Uni).

Le meilleur moyen pour apprendre à se connaître
c'est de chercher à comprendre autrui.

André Gide (1869-1951)

À Berlin, devant le Reichstag, siège du Parlement allemand.

L'amour, et l'amour seul, est capable d'aller à l'Autre
en tant que l'Autre est absolument dissemblable du moi ;
l'amour seul fait ce miracle de pénétrer et de comprendre la personne étrangère,
de rendre prochain le lointain et de présentifier l'absent.

La justice ne va pas à l'Autre, mais précisément à l'Égal,
qui est notre Semblable abstrait et arithmétique, c'est-à-dire encore au Même.

Vladimir Jankélévitch (1903-1985)

Vincent, tavillonneur suisse, et son épouse Tania, chevrière australienne, travaillant dans les alpages de Gruyère (Suisse).

Prendre en compte la souffrance de l'autre,
n'est-ce pas précisément ce qui opère chez cet autre la transformation du « il » en « tu » ?

Hermann Cohen (1842-1918)

La vie trépidante de Venise toute proche n'affecte pas les villageoises de Burano qui se retrouvent tous les après-midi (Italie).

436

24 septembre

Reconnaître c'est identifier chaque personne en tant que libre et égale à toute autre.

Paul Ricœur (1913-2005)

À 81 ans, Alfonso se rend chaque dimanche à la messe de la cathédrale de Monreale (Sicile).

Le prochain, non comme celui qui se trouve proche,
mais celui dont on se rapproche.

Paul Ricœur (1913-2005)

Landmannalaugar, l'une des régions les plus spectaculaires de l'Islande.

Si je diffère de toi, loin de te léser, je t'augmente.

Antoine de Saint-Exupéry (1900-1944)

Affiche de cirque en Corse (France).

Seigneur, fais de moi un instrument de ta paix,

Là où est la haine, que je mette l'amour.

Là où est l'offense, que je mette le pardon.

Là où est la discorde, que je mette l'union. [...]

Là où est la tristesse, que je mette la joie.

Ô Seigneur, que je ne cherche pas tant à être consolé qu'à consoler,

à être compris qu'à comprendre,

à être aimé qu'à aimer.

attribué à François d'Assise (1182-1226)

L'église de Frauenberg, dans la très belle et paisible région de la Styrie (Autriche).

Aimer un être, c'est tout simplement reconnaître qu'il existe autant que vous.

Simone Weil (1909-1943)

Jeune Groenlandais de Maniitsoq.

L'homme le plus heureux est celui qui fait le bonheur d'un plus grand nombre d'autres.

Denis Diderot (1713-1784)

Ermoúpoli, ville principale de l'île de Syros, dans les Cyclades (Grèce).

Puissance est Relation.

C'est-à-dire que toute puissance se trouve du côté de la vie, des plénitudes et de la beauté.

C'est-à-dire aussi que toute beauté est relation.

Édouard Glissant (né en 1928) et Patrick Chamoiseau (né en 1953)

Hosanna et sa maman Deborah, aux Saintes-Maries-de-la-Mer (France).

1er octobre

La relation, elle ne tient ni à toi,
ni à moi, mais au mystère entre nous.
Elle est la réciprocité du mouvement
de chacun qui sort de soi vers l'autre.

Sœur Emmanuelle (1908-2008)

En Écosse, le Loch Lomond, le plus grand lac en surface de Grande-Bretagne, bordé par le parc national des Trossachs.

Agir ou ne pas agir, la parole ou le silence ont toujours un caractère communicatif.

Paul Watzlawick (1921-2007)

Déportés durant la Seconde Guerre mondiale, trois anciens résistants du plateau des Glières durant une cérémonie commémorative (France).

Qu'y a-t-il de plus beau que l'or ?

La lumière.

Qu'y a-t-il de plus agréable que la lumière ?

La parole.

Johann Wolfgang von Goethe (1749-1832)

Champ de tournesols dans la Drôme provençale (France).

Seul le silence rend possible l'écoute,
c'est-à-dire l'accueil en soi non seulement de la Parole,
mais aussi de la présence de Celui qui parle.

Enzo Bianchi (né en 1943)

Une colombe, symbole de l'amour et de la paix.

Laisse parler ton cœur,
interroge les visages,
n'écoute pas les langues...

Umberto Eco (né en 1932)

Gitte, 27 ans, bénévole dans des ONG danoises travaillant pour l'égalité des droits à l'éducation dans le monde et pour l'équilibre entre le Nord et le Sud.

La conscience mûrie sait que la poésie aujourd'hui réclame l'essence et le minimum :
Que seul un Silence tel que celui de Dieu pourrait dire le Tout.

David Gascoyne (1916-2001)

Longtemps considérées comme inhospitalières, les *Crete senesi* en Toscane ont acquis une réputation de beauté et d'harmonie emblématique grâce à une irrigation permettant la culture des céréales, du fourrage et des tournesols (Italie).

Apprends à déchiffrer ce qu'écrit le silence,
Écouter par les yeux, c'est l'intelligence du cœur.

William Shakespeare (1564-1616)

Comme ses parents et grands-parents, Lana, 5 ans, aime le ski, la montagne et la nature (France).
Double page suivante : Le Loch Kishorn, au nord-ouest de la sublime région des Hautes Terres d'Écosse (Royaume-Uni).

8 octobre

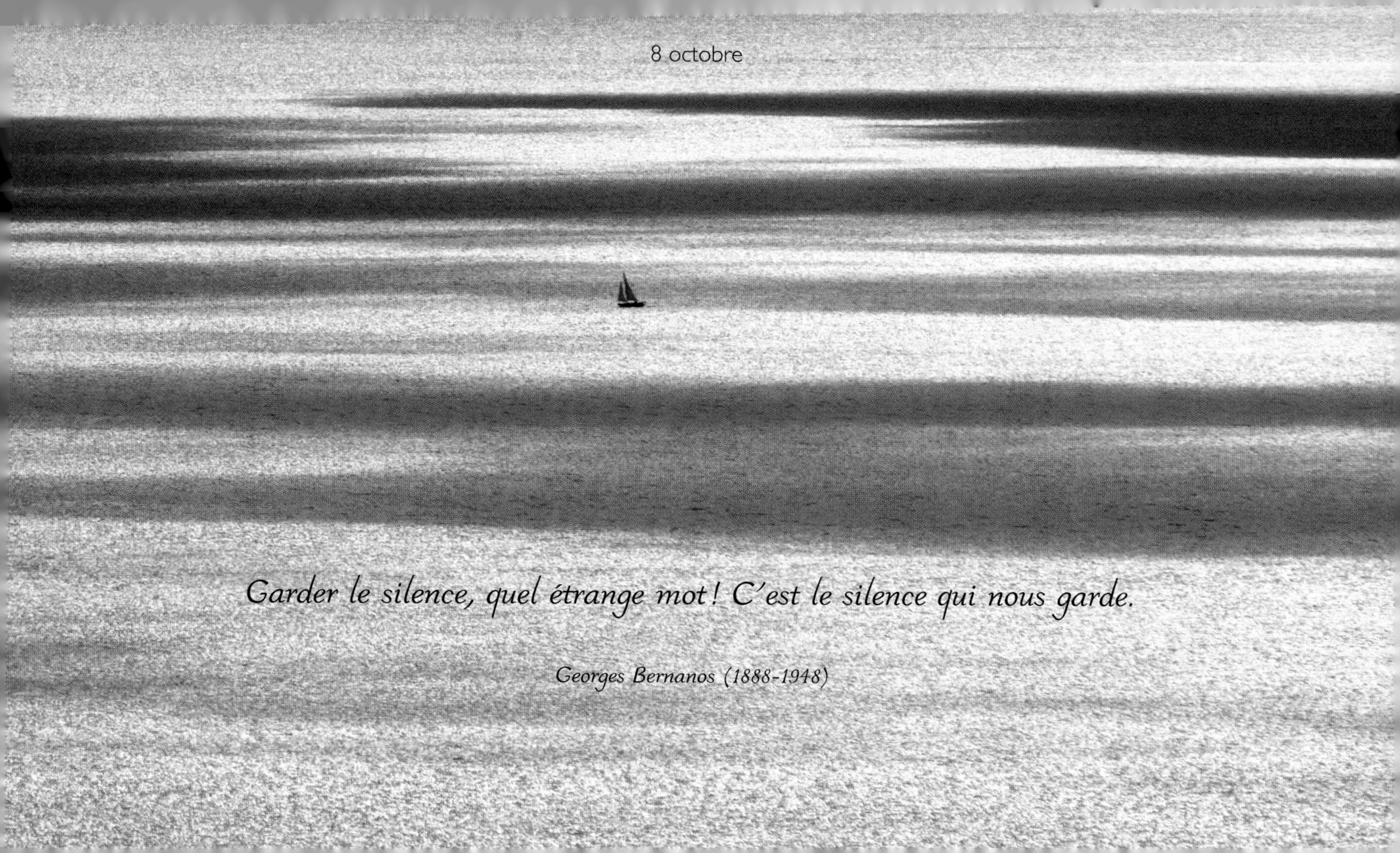

Garder le silence, quel étrange mot ! C'est le silence qui nous garde.

Georges Bernanos (1888-1948)

De la contemplation
Naît la rose.
De la contemplation, l'oranger,
Le laurier.
Toi et moi de ce baiser.

Miguel Hernández (1910-1942)

La célèbre bruyère d'Écosse, aux teintes violettes époustouflantes (Royaume-Uni).

Jamais les beautés de ce monde

Ne me rendront épris d'amour,

Mais il est un je ne sais quoi

Que mon cœur brûle d'obtenir.

Jean de La Croix (1542-1591)

La réserve naturelle des Dombes et ses six étangs accueillent des milliers d'oiseaux sauvages chaque année (France).

Ne pensez jamais qu'un petit geste pour votre voisin ne vaut pas grand-chose.
Ce n'est pas la quantité de ce que nous faisons qui plaît à Dieu,
mais la quantité d'amour que nous y mettons.

Mère Teresa (1910-1997)

Eliott, 10 mois, bonheur de ses parents Sandra et Alexandre (France).

Ce qui est accompli par amour, se passe toujours au-delà du bien et du mal.

Friedrich Nietzsche (1844-1900)

Landmannalaugar, paradis des randonneurs, est l'une des régions les plus spectaculaires de l'Islande.

Que nous soyons nous-mêmes et tout entiers amour,
mouvement d'amour,
intention aimante,
acte d'aimer.

Vladimir Jankélévitch (1903-1985)

Alexandre et Juliette, quatorze ans de passion et de vie partagée (Suisse).

Toute la valeur de l'être humain tient à cette faculté de se surpasser,
d'être en dehors de soi, d'être en autrui et pour autrui.

Milan Kundera (né en 1929)

Étudiantes au monastère Saint-Jean-le-Théologien lors de la fête de l'Annonciation sur l'île de Patmos (Grèce).
Double page suivante : Datant de la fin du XVIe siècle, la chapelle Saint-Garin du Pré de l'Essert, à Charmey, offerte aux moines cisterciens par la famille Gachet (Suisse).

15 octobre

Tu aimeras ton prochain comme toi-même.

Lévitique (attribué à Moïse, XVe siècle av. J.-C.)

QUE FAIRE ?

Ped.

Pour qu'il y ait vie, il faut le désir amoureux.

Balthus (1908-2001)

Charme du village de Pérouges (France).

POSTES

Il faut se ressembler un peu pour se comprendre,
mais il faut être un peu différents pour s'aimer.
Oui, semblables et dissemblables...
Ah ! qu'étranger pourrait donc être un joli mot !

Paul Géraldy (1885-1983)

Au monastère orthodoxe de Saint-Jean-le-Théologien sur l'île de Patmos (Grèce).

Pour aimer, il faut une liberté du corps, une liberté du cœur, une liberté de l'esprit.

Sœur Emmanuelle (1908-2008)

Détail d'une œuvre de Giambologna (1529-1608) à la Loggia Della Signoria à Florence (Italie).

Il n'y a rien de plus ardu que de s'aimer.
C'est un vrai travail, à reprendre sans cesse.
Les jeunes, d'ailleurs, ne sont absolument pas préparés à cette difficulté de l'amour ;
de cette relation extrême et complexe, les conventions ont tenté de faire un rapport facile et léger,
elles lui ont conféré l'apparence d'une chose à la portée de tous. Et il n'en est pas ainsi.
L'amour est une chose difficile !

Rainer Maria Rilke (1875-1926)

Le charme d'un vieux pommier de campagne en hiver (France).

20 octobre

Quand vous me regardiez,

Vos yeux imprimaient en moi votre grâce.

Et les miens méritaient par là

D'adorer ce qu'ils voyaient en vous.

Jean de la Croix (1542-1591)

Jennifer, modèle d'élégance et de féminité (France).

En l'amitié de quoi je parle
[les âmes] se mêlent et se confondent l'une en l'autre d'un mélange si universel,
qu'elles effacent et ne retrouvent plus la couture qui les a jointes.
Si on me presse de dire pourquoy je l'aimais,
je sens que cela ne se peut exprimer qu'en répondant :
Parce que c'était luy, parce que c'était moi.

Michel de Montaigne (1533-1592)

Dans le fjord de Nærøfjorden, Norvège.

22 octobre

Un seul être vous manque,
et tout est dépeuplé.

Alphonse de Lamartine (1790-1869)

Le parc de l'Europe à Annecy,
déserté après une chute de neige (France).

23 octobre

Loué soit mon Seigneur pour notre frère le vent, pour l'air, les nuages, la sérénité,
et toutes les saisons au moyen desquelles vous sustentez toute créature.
Loué soit mon Seigneur pour notre sœur l'eau, qui est bien utile, humble, précieuse et pure.

François d'Assise (1182-1226)

Rivière glaciaire à Hnausapollur au centre de l'Islande, où tous les cours d'eau sont potables.

La beauté chrétienne n'est pas une donnée, mais un événement.
Un événement d'amour qui raconte toujours et à nouveau,
de manière créative et poétique, dans l'histoire,
la folie et la beauté tragique de l'amour.

Enzo Bianchi (né en 1943)

Dans l'église de San Maurizio à Venise, une exposition permanente présente des instruments de musique pour la plupart d'origine vénitienne (Italie).

Un arbre a besoin de deux choses : de substance sous terre et de beauté extérieure.
Ce sont des créatures concrètes mais poussées par une force d'élégance.
La beauté qui leur est nécessaire c'est du vent, de la lumière, des grillons,
des fourmis et une visée d'étoiles vers lesquelles pointer la formule des branches.

Erri de Luca (né en 1950)

Champ de lavande peu avant la récolte dans la Drôme provençale (France).

Les arts sont le plus sûr moyen de se dérober au monde ;
ils sont aussi le plus sûr moyen de s'unir avec lui.

Franz Liszt (1811-1886)

Pendant la période du Carnaval, les fameux masques et costumes vénitiens permettaient toutes les audaces dans le plus strict anonymat (Italie).

À nous d'apprendre à voir, dans ces signes de beauté visible,
la beauté plus grande encore, la beauté invisible,
la beauté qui se manifestera de toute éternité.

Sœur Emmanuelle (1908-2008)

Semblable à la Vénus de Botticelli, Grace, 20 ans, est une jeune Américaine en voyage à Venise (Italie).

La mer, la terre avec le ciel, le feu, le vent,
Le monde perdurable où nous vivons,
Les astres si lointains qui presque nous supplient,
Qui sont presque une main qui caresse les yeux.

Vicente Aleixandre (1898-1984)

Charme campagnard d'automne (France).

29 octobre

La beauté sauvera le monde.

Fiodor Dostoïevski (1821-1881)

Les *crete senesi* en Toscane (Italie).

Pourquoi donc, en tant de manque, des poètes ?

Friedrich Hölderlin (1770-1843)

Transformée en musée, la veille ferme de Dúvugarðar permet de comprendre les conditions difficiles de la vie d'antan aux îles Féroé (Danemark).

Nous, gitans, sommes des princes des rues sales. [...]
Toute notre richesse est de transformer la misère en beauté.

Jean-Marie Kerwich (né en 1952)

Sur la plage, lors du pèlerinage des Gitans aux Saintes-Maries-de-la-Mer (France).

« Le beau est le vrai, le vrai est le beau »
c'est tout Ce que tu sais sur Terre et que tu dois savoir.

John Keats (1795-1821)

Colonnades doubles dans la cour du cloître de Montreale en Sicile (Italie).

2 novembre

Communiquer signifie affirmer son besoin de l'autre,
reconnaître que nous sommes redevables aux autres
et dépendants d'eux pour notre vie.

Enzo Bianchi (né en 1943)

Le pont des Amours, passerelle romantique au bord du lac d'Annecy (France).

Ami de passage,
Regarde la beauté du Travail des hommes
Cherche la présence discrète de Dieu.

Prière affichée à l'entrée d'une église de village

Travaux des champs dans la Drôme provençale (France).

Mon plus grand bonheur, c'est qu'au loin
Mon âme fuie sa demeure d'argile,
Par une nuit qu'il vente, que la lune est claire,
Que l'œil peut parcourir des mondes de lumière

Que je ne suis plus, qu'il n'est rien
Terre ni mer ni ciel sans nuages
Hormis un esprit en voyage
Dans l'immensité infinie.

Emily Brontë (1818-1848)

Une jeune Gitane grisée par le vent violent et les vagues puissantes de la Méditerranée, un jour de fortes rafales (France).

Tout ce qui est beau
est difficile autant que rare.

Baruch Spinoza (1632-1677)

La bibliothèque de l'abbaye bénédictine d'Admont, fondée en 1074, recèle des livres aussi précieux que rares (Autriche).

Nous ne sommes jamais chez nous, nous sommes toujours au-delà.
La crainte, le désir, l'espérance, nous élancent vers l'advenir.

Michel de Montaigne (1533-1592)

Cordages et reflets dans le port de Risør, au sud de la Norvège.

L'amour, c'est l'absolu, c'est l'infini ;
la vie, c'est le relatif et le limité.
De là tous les secrets et profonds déchirements de l'homme
quand l'amour s'introduit dans la vie.
Elle n'est pas assez grande pour le contenir.

Victor Hugo (1802-1885)

Marie-Constance, enceinte de Calypso (Italie).

N'allez pas croire que je sois venu pour abolir la loi ou les prophètes :
je ne suis pas venu pour abolir, mais pour accomplir.

Saint Matthieu (Ier siècle)

Charme de la campagne dans la Drôme provençale (France).

Il faut pour agir intuitivement, obéir à la loi profonde de l'amour, fondée sur une tolérance absolue.

C'est la loi qui tolère, ou admet, que les choses soient ce qu'elles sont.

Le véritable amour ne doute jamais, jamais ne qualifie, jamais ne rejette ni n'exige.

Il régénère, en rétablissant une circulation à l'infini.

Il brûle, car il connaît le vrai sens du sacrifice.

Il est la vie illuminée.

Henry Miller (1891-1980)

Cygne du lac d'Annecy, lequel est réputé pour la qualité de son eau (France).

Vous cherchez un sens à votre vie ?

Demandez-vous qui et comment il vous est possible d'aimer.

Sœur Emmanuelle (1908-2008)

Simone et Marie-Constance à 21 ans (Italie).

Ô chemin infaillible

qui a tout pénétré

ciel terre

et les abîmes,

C'est toi le lien l'union de tous les êtres.

Hildegarde de Bingen (1098-1179)

Ci-contre et double page suivante : La région de Landmannalaugar en Islande est le paradis des randonneurs.

12 novembre

L'éternité,
sa perfection,
c'est de ne pas contenir d'histoire,
d'être seule à être.

Søren Kierkegaard (1813-1855)

Voici mon secret.

Il est très simple :

on ne voit bien qu'avec le cœur.

L'essentiel est invisible pour les yeux.

Antoine de Saint-Exupéry (1900-1944)

Lors de la procession religieuse durant la Semaine sainte à Grenade (Espagne).

La véritable harmonie reste le développement de tout l'homme et de tous les hommes.

Paul VI (1897-1978)

Longtemps considérées comme inhospitalières, les *crete senesi* en Toscane offrent un paysage de collines arides et nues où la culture des céréales n'est possible qu'au prix d'une irrigation intensive (Italie).

L'âme que ne troublent plus l'angoisse de l'avenir ni l'obsession du passé,
l'âme sans fièvre, sans affaires, sans impétuosité
connaît enfin le doux abandon au présent.

Vladimir Jankélévitch (1903-1985)

Lamprini, 88 ans, vit dans la montagne avec ses chèvres, dans l'île de Tinos (Grèce).

Quand il m'arrive de sentir que mon temps est peu de chose,
je pense à celui qui s'écoule simultanément dans bien des endroits du monde et qui passe près du mien :
ce sont des arbres qui chassent des pollens, des femmes qui attendent une rupture des eaux,
un garçon qui étudie un vers de Dante, mille cloches de récréation
qui sonnent dans toutes les écoles du monde, du vin qui fermente au soutirage,
toutes choses qui arrivent au même moment
et qui, alliant leur temps au mien, lui donnent de l'ampleur.

Erri de Luca (né en 1950)

Printemps dans le vallon d'Albuñuelas en Andalousie (Espagne).

Les petites choses n'ont l'air de rien, mais elles donnent la paix.

Georges Bernanos (1888-1948)

Sur la place tranquille de Parikia, sur l'île de Paros, dans les Cyclades (Grèce).

Ce qui est contraire est utile et c'est de ce qui est en lutte que naît la plus belle harmonie ;
tout se fait par discorde.

Héraclite (entre 544 et 541 - 480 av. J.-C.)

Le Nordfriesland, où l'industrie éolienne est très développée, est une des régions de vacances les plus populaires d'Allemagne.
Double page suivante : « Merveille de l'Occident », le Mont-Saint-Michel se dresse au cœur d'une immense baie envahie par les plus grandes marées d'Europe (France).

19 novembre

La beauté, c'est l'harmonie du hasard et du bien.

Simone Weil (1909-1943)

L'obscur et la transparence.
La philosophie [...] est transformation du sacré en divin,
c'est-à-dire, de ce qui est le plus profond, obscur, compact, éternellement obscur,
mais qui aspire à être sauvé dans la lumière et comme lumière.

María Zambrano (1904-1991)

Orage dans une pinède de pins sylvestres en Bretagne (France).

Il faut prêcher sur la vie, non sur la mort ;
répandre l'espoir et non la crainte ;
et cultiver en commun la joie, vrai trésor humain.
C'est le grand secret des sages et ce sera la lumière de demain.

Alain (1868-1951)

Une grand-mère partage la joie du manège avec son petit-fils à Florence en Italie.

La pensée est le labeur de l'intelligence,
la rêverie en est la volupté.

Victor Hugo (1802-1885)

Charme printanier dans le parc de l'Alhambra à Grenade (Espagne).

Tout est dans le mouvement du cœur :

rien n'y est si le cœur n'y est pas ;

et si le cœur y est, tout est sauvé, transfiguré par une nouvelle lumière.

Non, rien n'est même commencé si le cœur n'y est pas.

Vladimir Jankélévitch (1903-1985)

Émotion partagée lors de la procession religieuse durant la Semaine sainte à Grenade (Espagne).

Ne bougez point
Laissez parler le vent :
le paradis est là.

Ezra Pound (1885-1972)

Tonnara di Scopello, havre de beauté près de la réserve naturelle de Zingaro sur la côte sicilienne (Italie).

Il est une lumière, une voix, un parfum, une nourriture, une étreinte que j'aime quand j'aime mon Dieu : c'est la lumière, la voix, le parfum, l'étreinte, la nourriture de l'homme intérieur qui est en moi.

Saint Augustin (354-430)

Mosaïques du sol de l'église Santa Maria del Fiore, la cathédrale de Florence (le Duomo) en Italie.
Double page suivante : Les *crete senesi* en Toscane ont inspiré de nombreux artistes et écrivains (Italie).

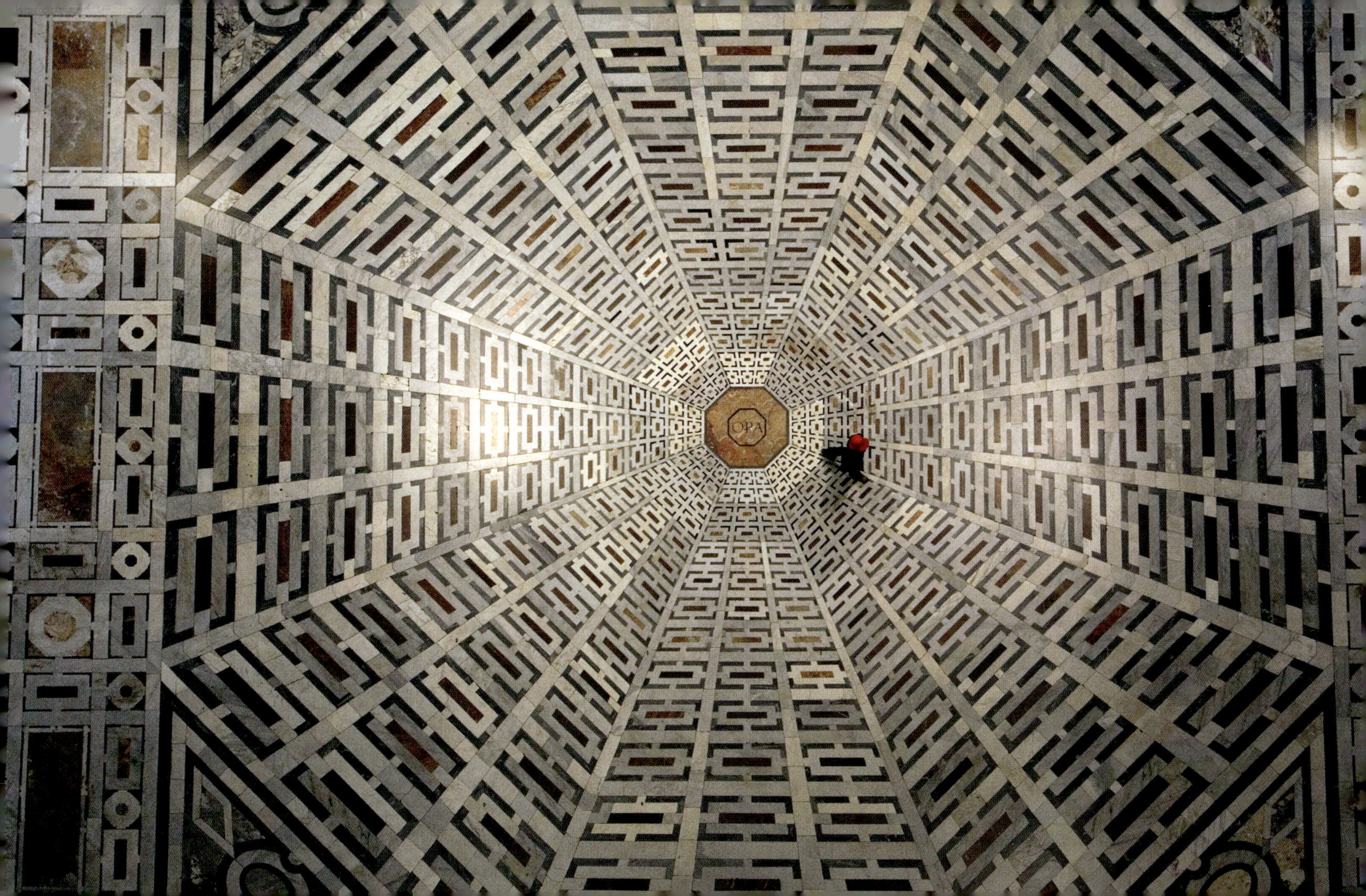
OPA

26 novembre

Il y a assurément de l'indicible.
Il se montre, c'est le Mystique.

Ludwig Wittgenstein (1889-1957)

Marchez doucement,
car vous marchez sur mes rêves.

William Butler Yeats (1865-1939)

La petite Péma, dont le prénom signifie Lotus en tibétain (France).

Seul importe le chemin suivi avec les autres.

Marceline Loridan-Ivens (née en 1928)

Le Landmannalaugar et ses paysages volcaniques sont un paradis pour les randonneurs (Islande).

La foi est un engagement envers soi-même, Dieu en nous.

Annick de Souzenelle (née en 1922)

Le Trône de lecture à l'église Panaghia Evanghelistria dans l'île de Tinos, l'un des plus importants lieux de pèlerinage de l'Église orthodoxe (Grèce).

Le but de l'art n'est pas de déclencher une décharge momentanée d'adrénaline,
mais c'est plutôt la construction progressive, qui engage toute la vie,
d'un état d'émerveillement et de sérénité.

Glenn Gould (1932-1982)

Cordages et reflets dans le port de Risør, au sud de la Norvège.

Emplis-nous d'amour et fais que l'amour nous lie les uns les autres tandis que nous parcourons nos chemins divers.

Thomas Merton (1915-1968)

Le village au pied du Mont-Saint-Michel, dont la vocation fut toujours commerciale (France).

CREPER

Je crois en la vocation de chacun de nous.

Nous sommes attirés par une voie qui nous correspond.

Créer les conditions du bonheur consiste à savoir ce qui nous porte vers telle situation de la vie.

C'est ainsi que notre être va s'épanouir.

Sœur Emmanuelle (1908-2008)

Au sud de la Corse, l'archipel des Lavezzi est le paradis des promeneurs, des plaisanciers et des plongeurs (France).

Double page suivante : Nieves, à Grenade (Espagne).

3 décembre

L'avancement de l'âme ne consiste pas à penser beaucoup
mais à aimer beaucoup.

Thérèse d'Avila (1515-1582)

ESPOIRS

Le trésor de la vie et de l'humanité est la diversité.

Edgar Morin (né en 1921)

Mélange de nombreuses essences, les forêts, en Gruyère, flamboient à l'automne (Suisse).

Je pense qu'il est utile d'aborder la question de la crise écologique comme une crise de la perception,
une crise dans la façon dont nous expérimentons,
avec nos corps animaux, les sons, les odeurs, le monde autour de nous.
Il semble que nous ne percevions plus les forêts, les montagnes, les rivières comme aussi vivantes que nous.

David Abram (né en 1957)

Crépuscule sur l'île de Patmos (Grèce).

Il devrait n'être point de désespoir pour toi
Tant que brûlent la nuit les étoiles,
Tant que le soir répand sa rosée silencieuse,
Que le soleil dore le matin.[...]
Les plus chères de tes années ne sont-elles pas
Autour de ton cœur à jamais ?
Ceux-ci pleurent, tu pleures, il doit en être ainsi ;
Les vents soupirent comme tu soupires,
Et l'Hiver en flocons déverse son chagrin
Là où gisent les feuilles d'automne.
Pourtant elles revivent, et de leur sort ton sort
Ne saurait être séparé :
Poursuis donc ton voyage, sinon ravie de joie,
Du moins jamais le cœur brisé.

Emily Brontë (1818-1848)

Crépuscule flamboyant dans le sud-ouest de la France.

L'Arbre de la Connaissance que nous sommes n'est pas celui du bien et du mal.
L'Arbre de la Connaissance que nous sommes est celui de l'accompli et du pas encore accompli.
Qu'est-ce que nous avons accompli de ce fils ? À quel mois de gestation est-il porté ?
Voilà ce qui est accompli : ce qui participe de la lumière, ce qui participe du divin.

Annick de Souzenelle (née en 1922)

Jeune musicien de cornemuse durant les Braemar Royal Highland Gathering, compétitions sportives traditionnelles d'Écosse (Royaume-Uni).

Si les portes de la perception étaient nettoyées,
toute chose apparaîtrait à l'homme ce qu'elle est, infinie.

William Blake (1757-1827)

La baie de Geranos sur l'île de Patmos (Grèce).

9 décembre

Allons aux choses mêmes !

Edmund Husserl (1859-1938)

Péma, un an, dans un moment de tranquillité insondable (France).
Double page suivante : Les *crete senesi* en Toscane (Italie).

10 décembre

Dans le secret d'un soupir
Peut germer le chant inchanté de la paix.

Nelly Sachs (1891-1970)

Dense rumeur ondulée,

À peine audible, des blés,

Froissement d'un vol d'oiseau,

Bruit de la Terre qui tourne.

Leopoldo Panero (1909-1962)

Grenier dans les champs de la région de la Styrie (Autriche).

On va de commencement en commencement,
par des commencements qui n'ont pas de fin.

Grégoire de Nysse (335 ? - 394 ?)

Croisière à l'aube dans de fjord de l'Aurlandsfjorden (Norvège).

La dissonance est en même temps harmonie :
les contraires ne s'excluent pas ;
ils sont interdépendants.

Ernst Cassirer (1874-1945)

En Camargue, au parc ornithologique des Saintes-Maries-de-la-Mer (France).

14 décembre

Le désir d'interroger la vie vient de la vie même,
de cette partie de la vie qui est encore cachée.
La vie nous pousse à interroger.

Jean Klein (1912-1998)

Les *crete senesi*, majestueux paysage de collines au sud de la ville de Sienne (Italie).

Comment atteindre la certitude ?

Ilya Prigogine (1917-2003)

Procession religieuse durant la Semaine sainte à Grenade (Espagne).

Deux fois deux font cinq est parfois une chose charmante.

Fiodor Dostoïevsky (1821-1881)

Lou, qui fête ses 3 ans et demi, lors de son premier grand voyage à Paris (France).
Double page suivante : Crépuscule sur la plage de Xifaras, dans l'île de Paros (Grèce).

17 décembre

Changez faiblement les événements initiaux,
si faiblement que cela peut paraître sur le moment n'avoir qu'une minime importance,
et l'évolution se déroulera selon une direction toute différente.

Stephen Jay Gould (1941-2002)

Le futur était vide ; il était la montagne.
Mes rêves étaient peuplés de présences émotives.
J'étais, je n'étais plus.
La vie était réelle.

Michel Houellebecq (né en 1956)

Manège au célèbre Pâquier sur les bords du lac d'Annecy qui fait la joie et l'émerveillement de toutes les générations (France).

THONON

Le christianisme est l'appel à faire de sa vie un chef-d'œuvre d'amour.

Enzo Bianchi (né en 1943)

Lou, 3 ans et demi, avec Rémi, son père (France).

20 décembre

Et qui est mon prochain ?

Saint Luc (Ier siècle)

« Séparés de tous, nous sommes unis à tous car c'est au nom de tous que nous nous tenons en présence du Dieu vivant. » Statuts 34.2 de l'ordre des Chartreux.
Père Aloïs à la chartreuse de la Valsainte en Suisse.

Nous sommes les enfants de l'histoire, et devons tracer nos propres voies dans le plus riche et intéressant des univers – indifférent à notre souffrance – et offrant donc le maximum de liberté pour que nous nous épanouissions ou fassions fiasco en toute responsabilité.

Stephen Jay Gould (1941-2002)

Anne-Marie, Gitane de Hollande, danse lors du pèlerinage des Gitans aux Saintes-Maries-de-la-Mer (France).

L'avenir culturel de l'homme est, quant à lui, en plein développement.
Il est certain que sa vitesse d'évolution augmentera dans les temps futurs.
La base de la culture est la communication.

Luca Cavalli-Sforza (né en 1922)

La cathédrale Saint-Basile sur la place Rouge à Moscou, symbole de l'architecture traditionnelle russe.

Nul aujourd'hui n'est SEULEMENT *ceci ou cela.*

Indien, femme, musulman, américain,

ces étiquettes ne sont que des points de départ.

Edward W. Saïd (1935-2003)

À Grenade en Andalousie (Espagne).

Double page suivante : Le mont Blanc, sommet de l'Europe occidentale à 4 810 mètres entre France et Italie.

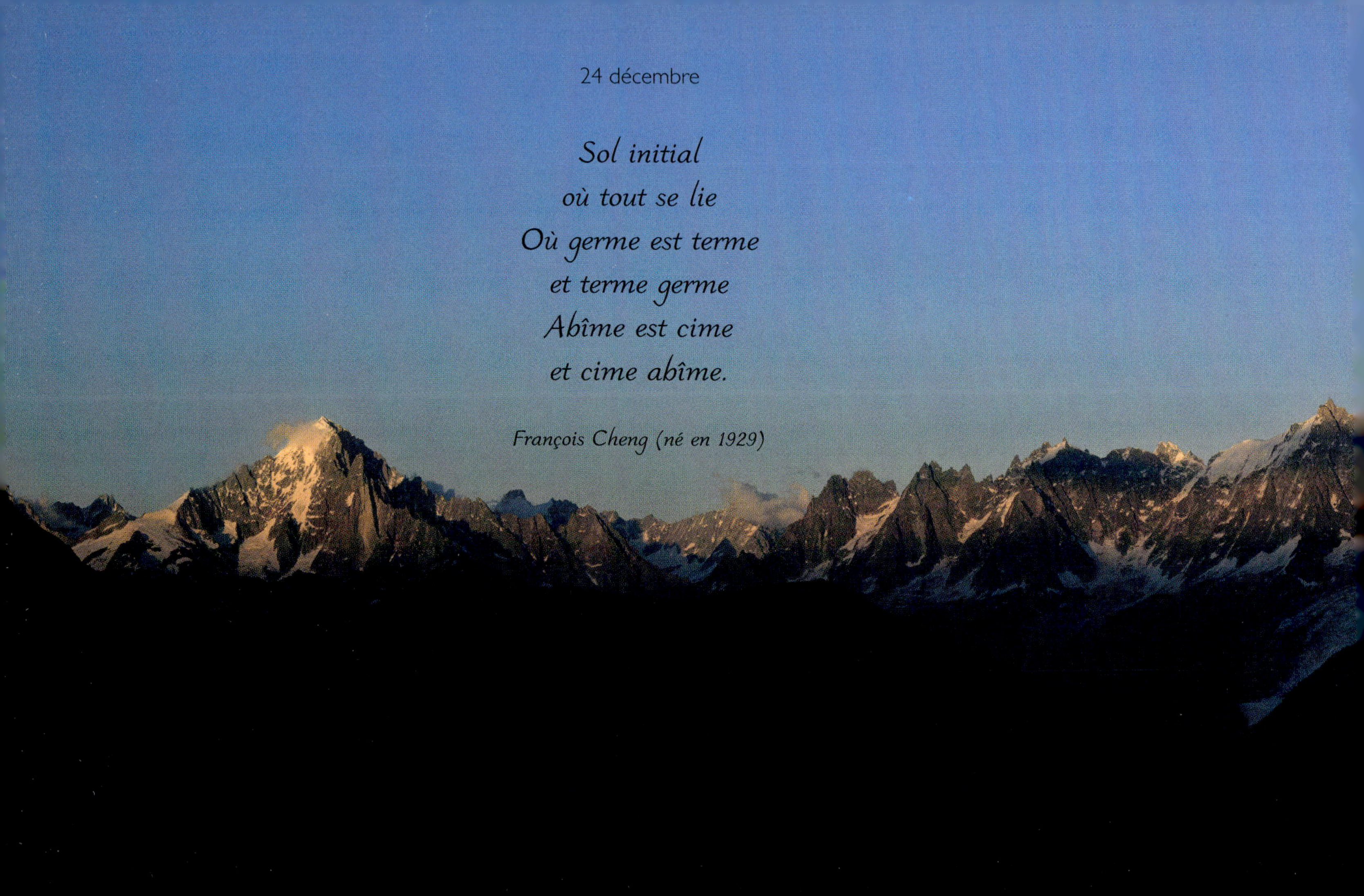

24 décembre

Sol initial
où tout se lie
Où germe est terme
et terme germe
Abîme est cime
et cime abîme.

François Cheng (né en 1929)

La plus expresse marque de la sagesse, c'est une jouissance constante : son estat est comme des choses au dessus de la Lune : toujours serein.

Michel de Montaigne (1533-1592)

La Camargue, zone humide, est une des principales haltes pour les oiseaux migrateurs (France).

L'essentiel dans l'art, c'est qu'il parachève l'existence,
c'est qu'il est générateur de perfection et de plénitude.
L'art est par essence AFFIRMATION, BÉNÉDICTION, DIVINISATION DE L'EXISTENCE.

Friedrich Nietzsche (1844-1900)

L'automne est source d'émerveillement et d'inspiration dans tous les pays au climat tempéré.

Le courage ne consiste pas à prédire une issue fatale,
mais, avec le savoir et le non-savoir qui est le nôtre,
à faire tout ce qui est possible et à préserver l'espérance jusqu'au dernier souffle.

Jeanne Hersch (1910-2000)

Belen, à Grenade (Espagne).

Je ne sais pas ce que je peux représenter pour le monde,
mais pour moi, je n'ai été qu'un enfant jouant sur le rivage de la mer
et s'amusant à trouver un galet plus lisse qu'un autre,
ou un coquillage plus beau que d'ordinaire,
tandis que le grand océan de vérité s'étend au loin, à découvrir.

Isaac Newton (1643-1727)

Au pays de Galle, la baie de Rhossili, l'un des plus beaux sites naturels du Royaume-Uni.

Le chemin t'emmène
Au merveilleux désert,
Au large, au loin,
Sans limite il s'étend.
Le désert n'a ni lieu ni temps,
il a sa propre guise.

Maître Eckhart (vers 1260-1327)

Les fjords du Groenland, dans la région de Maniitsoq.

La pensée ne revit ses aventures que pour se réinventer toujours.

Henri Pena-Ruiz (né en 1947)

Lavande et coquelicots, charme de la Drôme provençale (France).
Double page suivante : À la Piazza Navona à Rome, réputée pour ses portraitistes et son animation (Italie).

31 décembre

Ami, j'arrête là.

Si tu veux lire encore, Va, toi-même deviens l'écriture et l'essence.

Angelus Silesius (1624-1677)

Bibliographie & Index

Traduction des textes originaux : **Julia Summerton et Salam Nacrour**

Malgré nos recherches, les détenteurs des droits de certains textes n'ont pas été retrouvés.

ABÉCASSIS, Armand, in *Les Textes fondamentaux de la pensée juive*, *Le Point*, hors-série n° 16 : **21 janvier**

ABRAM, David, in *Écologie, spiritualité : la rencontre*, © Éditions Yves Michel, 2007 : **5 décembre**

ALAIN, *Propos sur le bonheur*, © Éditions Gallimard, 1928 : **21 novembre**

ALEIXANDRE, Vicente, in *Anthologie bilingue de la poésie espagnole*, © Éditions Gallimard, coll. « Pléiade », 1995 : **28 octobre**

ANDERSEN, Hans Christian, *H. C. Andersen Eventyr og historier*, © Éditions Gyldendal, 1905 : **19 janvier**

ANGELUS SILESIUS, *L'Errant chérubinique*, © Éditions Arfuyen, 1993 : **27 janvier ; 31 décembre**

ANONYMES : **13 mars ; 3 novembre**

ARENDT, Hannah, *in* Anne Amiel, *Arendt*, © Éditions Ellipse, 2001 : **28 juillet**
- *Essai sur la révolution*, © Éditions Gallimard, 1983 : **23 juin**

ARISTOTE, *Grands Livres d'éthique*, © Éditions Arléa, 1992 : **23 juillet**

ATHÉNAGORAS Ier (Patriarche de Constantinople), in Olivier Clément, *Dialogues avec le patriarche Athénagoras*, © Librairie Arthème Fayard, 1969 : **1er juin ; 14 juillet**

AUGUSTIN (Saint), *La Cité de Dieu*, Paris, Éditions Charpentier, 1855 : **5 février**
- in *Actualité des religions*, « Les grands maîtres » n° 1, avril 2002 : **23 février**
- *Le Temps de Dieu*, © Éditions du Seuil, 2008 : **11 juin**
- *Confessions*, © Les Belles Lettres, Paris, 1925 : **25 novembre**
- in Julia Kristeva, *Étrangers à nous-mêmes*, © Librairie Arthème Fayard, 1988 : **19 septembre**

BALTHUS (Balthazar Klossovski, dit), in *Le Figaro*, 20/02/1996, © Jean-Marie Tasset/Le Figaro : **30 mars ; 13 septembre ; 16 octobre**

BARJAVEL, René, *La Faim du tigre*, © Éditions Denoël, 1966 : **30 avril**

BAUMAN, Zygmunt, « Pouvoir et insécurité. Une généalogie de la peur officielle », *Esprit*, 11/2003, n° 11 : **27 juillet**

BERNANOS, Georges, *La France contre les robots*, Éditions Robert Laffont, 1947 © Le Castor astral : **12 juillet**
- *Journal d'un curé de campagne*, Plon, 1936, © Le Castor astral : **8 octobre ; 17 novembre**

BERNARD de CHARTRES, in F. Lejeune, *Le Metalogicon de Jean de Salisbury : recherches, traduction et commentaire*, thèse Paris III, 1997 : **28 avril**

BERNARD de CLAIRVAUX, *Œuvres complètes de Saint Bernard*, Paris, © Éditions Louis de Vives, 1865-1868 : **10 janvier ; 15 février**
- *De Consideratione*, © Éditions du Cerf, 1986 : **9 mars**

BIANCHI, Enzo, *Vie intérieure, vie spirituelle*, © Prieuré de Bose : **17 février ; 14 mai**
- *Les Mots de la vie intérieure*, © Éditions du Cerf, 2001 : **7 juin, 24 juin ; 22 juillet ; 3 et 10 août ; 4 et 24 octobre ; 2 novembre ; 19 décembre**
Bible, Ancien Testament, © Éditions DDB, 2003 : **13 février**
Bible de Jérusalem, Ancien Testament, © Éditions du Cerf, 1961 : **15 octobre**
- *Nouveau Testament*, © Éditions du Cerf, 1961 : **31 août ; 18 septembre ; 8 novembre ; 20 décembre**

BLAKE, William, *Œuvres III, Le Mariage du ciel et de l'enfer*, © Éditions Flammarion, 1980 : **8 décembre**

BOHR, Niels, in *On becoming a leader*, © Éditions Addison-Wesley Pub. Co, 1990 : **3 juin**

BRANDES, Georg, *Samlede skifter*, © Éditions Gyldendal, 1901 : **8 mai**

BRONTË, Emily, in *Anthologie bilingue de la poésie anglaise*, © Éditions Gallimard, coll. « Pléiade », 2005 : **4 novembre**
- *Poèmes*, © Éditions Gallimard, 1994 : **6 décembre**

CALVIN, Jean, *Calvin d'après Calvin*, J. Cherbuliez, 1864 : **13 avril**

CALVINO, Italo, *Aventures*, © Éditions du Seuil, 1998 : **19 février**

CASSIRER, Ernst, *Essai sur l'homme*, © Éditions de Minuit, 1975 : **13 décembre**

CAVALLI-SFORZA, Luca, *Gènes, peuples et langues*, © Éditions Odile Jacob, 1996 : **22 décembre**

CERVANTÈS, Miguel de, *Don Quichotte*, © Éditions Gallimard, coll. « Pléiade », 1949 : **16 avril**

CHAMOISEAU, Patrick : voir GLISSANT

CHENG, François, *Qui dira notre nuit*, © Éditions Arfuyen, 2003 : **24 décembre**

CHODERLOS de LACLOS, Pierre, *Les Liaisons dangereuses*, © Éditions Gallimard, 2003 : **24 juillet**

CHOMSKY, Noam, in *La Vie*, n° 3294, du 16 au 22/10/2008 : **21 mars**

CICÉRON, *Des termes extrêmes, des biens et des maux*, in Julia Kristeva, *Étrangers à nous-mêmes*, © Librairie Arthème Fayard, 1988 : **11 août**

CIORAN, Emil, *La Tentation d'exister*, in *Œuvres*, © Éditions Gallimard, coll. « Quarto », 1995 : **15 septembre**

COHEN, Hermann, *Religion de la raison, tirée des sources du Judaïsme*, © PUF, 1994 : **23 septembre**

CONRAD, Joseph, *Souvenirs personnels*, in *Œuvres complètes*, t. III, © Éditions Gallimard, coll. « Pléiade », 1987 : **8 février**

CYRULNIK, Boris et **MORIN, Edgar**, *Dialogue sur la nature humaine*, © Éditions de l'Aube, 2000 : **17 mai**

DANTE, *La Divine comédie, Paradis*, © Éditions Albin Michel, 1949 : **11 avril**

DARWIN, Charles, *La Descendance de l'homme et la sélection sexuelle*, Éditions C. Reinwald, 1872 : **19 juin**

Déclaration des droits de l'homme et du citoyen (1789) : **4 juin ; 21 juin**

DESCARTES, René, *Discours de la méthode*, in *Œuvres philosophiques I*, © Classiques Garnier, 1988 : **19 mars ; 7 mai**

DIAMOND, Jared, *Effondrement*, © Éditions Gallimard, 2006 : **27 août**

DICKINSON, Emily, in Roberto Juarroz, *Fidélité à l'éclair*, © Éditions Lettres vives, 2001 : **4 mai**

DIDEROT, Denis, *Entretiens sur le fils naturel*, in *Œuvres complètes*, t. VI, A. Belin, 1819 : **29 septembre**

DONNE, John, *Poésie*, coll. « La Salamandre », Imprimerie Nationale, 2000 : **4 janvier**

DOSTOÏEVSKI, Fiodor, *L'Idiot*, © Éditions Gallimard, Pléiade, 1953 : **29 octobre**
- *Mémoires écrits dans un souterrain*, © Éditions Gallimard, 1949 : **16 décembre**

DÜRCKHEIM, Karlfield Graf, in Rachel et Alphonse Goettman, *Graf Durckheim, Images et aphorismes,* © Éditions Dervy, 2008 : **6 février**

ECKHART (Maître), *Le Grain de Sénevé,* © Éditions Arfuyen, 2004 : **3 janvier ; 6 mai ; 29 décembre**

ECO, Umberto, in *Le Point,* 15/02/2002 : **5 octobre**
- *Le Nom de la rose,* © Éditions Grasset & Fasquelle, 1982 : **1er août**

Edda. Récits de mythologie nordique, trad. du vieil islandais par F.-G. Dillmann, © Éditions Gallimard, 1991 : **1er janvier**

EINSTEIN, Albert, *Comment je vois le monde,* © Éditions Champs-Flammarion, 1979 : **23 mars**
- *Pensées intimes,* © Éditions Anatolia/Rocher, 2000 : **page de garde ; 29 juin ; 16 août**
- attribué à : **29 mai ; 2 août ; 22 août**

ELIOT, Thomas Stearns, *The Rock,* © Londres, Faber, 1934 : **26 mars**

EMERSON, Ralf Waldo, *Essais I,* © Éditions Michel Houdiard, 2005 : **16 septembre**

EMMANUELLE (Sœur), *Vivre, à quoi ça sert ?,* © Éditions Flammarion, 2004 : **4 août ; 1er octobre ; 10 novembre**
- *Mon testament spirituel,* © Presses de la Renaissance, 2008 : **30 août ; 4 et 11 septembre ; 18 et 27 octobre ; 2 décembre**

ÉPICTÈTE, *Manuel,* Paris, Éditions Hachette, 1889 : **9 février**

ÉPICURE, *Lettre à Ménécée,* in Diogène Laërce, *Vies, doctrines et sentences des philosophes illustres,* © Éditions Garnier, 1933 : **26 juillet**

Épopée de Gilgameš, trad. de l'akkadien par J. Bottero, © Éditions Gallimard, 1992 : **2 janvier**

ÉRASME, *De Pueris,* trad. P. Saliat, © Klincksieck, Paris, 1990 : **8 janvier**

FAVIER, Jean, *De l'or et des épices,* © Librairie Arthème Fayard, 1987 : **9 janvier**

FONTENELLE, Bernard de, *Du Bonheur,* © Éditions F. Cocheris et fils, 1806 : **8 septembre**

FRANÇOIS d'ASSISE, *Œuvres,* Paris, Mme Vve Poussielgue-Rusand, 1868 : **23 octobre**
- in Ivan Gobry, *Saint François d'Assise et l'esprit franciscain,* © Éditions du Seuil, 2001 : **27 avril ; 23 mai ; 11 juillet ; 21 juillet**
- « Prière de la Paix », attribuée à : **27 septembre**

FRANÇOIS de SALES, *Œuvres complètes,* © Éditions Albanel et Martin, 1839 : **28 juin**

FREUD, Sigmund et **Albert EINSTEIN,** *Pourquoi la guerre ?,* © Éditions Payot et Rivages, 2005 : **27 mars**

GASCOYNE, David, in *In Memory of WB Yeats, Poésie britannique des années trente,* © P. U. de Bordeaux, 1996 : **6 octobre**
- *Prélude for a new Fin-de-siècle,* http://temporel.fr, 29/09/07 : **2 septembre**

GÉRALDY, Paul, *L'Homme et l'amour,* © Éditions Hachette, 1951 : **17 octobre**

GIDE, André, *Journal 1889-1939,* © Éditions Gallimard, Pléiade, 1977 : **21 septembre**

GLISSANT, Édouard et **CHAMOISEAU, Patrick,** *L'Intraitable Beauté du monde. Adresse à Barack Obama,* © Éditions Galaade, 2009 : **12 août ; 30 septembre**
- *Lettre ouverte à Messieurs les Présidents des Conseils Régional et Général. Et à tous les élus de la Martinique :* **29 avril**

GODELIER, Maurice, *L'Énigme du don,* © Librairie Arthème Fayard, 1996 : **30 juin ; 6 juillet**

GOETHE, Johann Wolfgang von, *Entretiens d'émigrés allemands,* in *Œuvres de Goethe,* t. VII, Éditions Hachette, 1860 : **3 octobre**
- *Maximes et réflexions,* Paris, Brokhaus, Avenarius, 1842 : **17 avril**

GOULD, Glenn, « Let's Ban applause », in G. Payzant, *Glenn Gould, un homme du futur,* © Librairie Arthème Fayard, 1983 : **30 novembre**

GOULD, Stephen Jay, *La Vie est belle, les surprises de l'évolution,* © Éditions du Seuil, 1991 : **17 et 21 décembre**

GOURMONT, Remy de, *Une nuit au Luxembourg,* © Mercure de France, 1912 : **6 avril**

GRACIÁN, Baltasar, *El Criticon (2),* © Éditions Allia, 1999 : **6 mars**

GRÉGOIRE de NYSSE, in Enzo Bianchi, *Les Mots de la vie intérieure*, © Éditions du Cerf, 2001 : **12 décembre**

GUIGUES Ier le CHARTREUX, *Les Méditations*, © Éditions du Cerf, 2001 : **31 janvier ; 16 février ; 13 juillet ; 3 septembre**

GUITTON, Jean, *Dieu et la Science*, © Éditions Grasset & Fasquelle, 1991 : **18 janvier**
- *Le Travail intellectuel*, © Éditions Aubier, 1951 : **1er février**

HALL, Edward T., *La Danse de la vie*, © Éditions du Seuil, 1984 : **26 mai**

HAVEL, Vaclav, *La Fête en plein air*, © Éditions Gallimard, 1969 : **26 janvier**

HEGEL, Friedrich, in Paul Ricœur, *Parcours de la reconnaissance*, © Éditions Stock, 2004 : **11 mai**

HÉRACLITE, in *Les Penseurs grecs avant Socrate*, © Éditions Garnier-Flammarion, 1941 : **22 avril ; 18 novembre**

HERNANDEZ, Miguel, in *Anthologie bilingue de la poésie espagnole*, © Éditions Gallimard, Pléiade, 1995 : **9 octobre**

HERSCH, Jeanne, *L'Étonnement philosophique*, © Éditions Gallimard, 1993 : **27 décembre**

HILDEGARDE de BINGEN, *Symphonie des harmonies célestes*, © Éditions Jérôme Millon, 2003 : **11 novembre**

HÖLDERLIN, Friedrich, *Œuvres*, © Éditions Gallimard, Pléiade, 1967 : **14 janvier**
- in *Anthologie bilingue de la poésie allemande*, © Éditions Gallimard, Pléiade, 1993 : **30 octobre**

HOUELLEBECQ, Michel, *La Possibilité d'une île*, © Fayard, 2005 : **18 décembre**

HUGO, Victor, *William Shakespeare*, Paris, Librairie Internationale, 1867 : **2 mai ; 2 juillet**
- *Anthologie de citations du bicentenaire*, © Stricto Senso, 2002 : **7, 12 et 31 mars ; 18 mai ; 13 et 18 juin ; 9 et 31 juillet ; 26 août ; 1er, 9 et 17 septembre ; 7 et 22 novembre**
- affiché au Mémorial de Caen : **27 mai**

HUGUES, Ted, in *Corbeau*, © Éditions de la Différence, Paris, 1980 : **28 février**

HUSSERL, Edmund, devise : **9 décembre**

IBSEN, Henrik, *The Master builder*, in *Four major plays*, © Oxford University Press, 1998 : **6 juin**
- in Carl Joachim Hambro, *Kortfattet norsk litteraturhitsorie*, © Éditions Gyldendal, 1912 : **10 mai**

IGNACE de LOYOLA, *Exercices spirituels*, © Éditions du Seuil, 1982 : **24 avril**

JACQUARD, Albert, *Conférence*, IUFM d'Orléans, le 04/02/2002 : **18 juillet**

JANKÉLÉVITCH, Vladimir, *Les Vertus et l'amour I et II*, © Éditions Flammarion, 1986 : **13 janvier ; 1er et 2 mars ; 15, 20 et 25 mai ; 2 et 12 juin ; 4, 8 et 19 juillet ; 5, 14, et 22 septembre ; 13 octobre ; 15 et 23 novembre**

JASPERS, Karl, *Raison et existence*, © P. U. de Grenoble, 1978 : **8 avril ; 25 avril**

JEAN CHRYSOSTOME, in Enzo Bianchi, *Les Mots de la vie intérieure*, © Éditions du Cerf, 2001 : **30 juillet**

JEAN de la CROIX, *Le Cantique spirituel*, © Éditions du Seuil, 1995 : **20 octobre**
- *Œuvres complètes*, © Éditions du Cerf, 1990 : **10 octobre**

JEAN-PAUL II, *Lettre aux familles*, 2/02/1994 : **29 août**

JOLLIEN, Alexandre, *Le Métier d'homme,* © Éditions du Seuil, 2002 : **27 février ; 22 juin**

JONAS, Hans, *Le Principe responsabilité,* © Éditions du Cerf, 1990 : **23 août**

KANT, Emmanuel, *Qu'est-ce que les Lumières ?,* in *Philosophie de l'histoire,* © Éditions Aubier, 1947 : **25 mars**
- *Fondements de la métaphysique des mœurs,* © Éditions Delagrave, 1907 : **20 juin**
- *Critique de la raison pratique,* Paris, Alcan, 1888 : **20 janvier**

KEATS, John, *Poèmes,* coll. « La Salamandre », Imprimerie nationale, 2000 : **1er novembre**

KERWICH, Jean-Marie, in *La Vie,* n° 3294, du 16 au 22/10/2008 : **31 octobre**

KIERKEGAARD, Søren, *Ou bien... ou bien...,* © Éditions Gallimard, 1983 : **3 février**
- *Post-Scriptum aux Miettes philosophiques,* © Éditions Gallimard, 1989 : **4 avril**
- *Samlede vaerker,* © Éditions Gyldendal, 1962 : **25 juillet**
- *Miettes philosophiques,* © Éditions Gallimard, 1990 : **12 novembre**
- attribué à : **20 août**

KING, Martin Luther, *I have a dream,* © I have a dream, 1963 : **26 juin**
- Discours du 31 mars 1968 : **24 février**

KLEIN, Jean, *Qui suis-je ? La Quête sacrée,* © Éditions Albin Michel, 1989 : **14 décembre**

KRISTEVA, Julia, *Étrangers à nous-mêmes,* © Librairie Arthème Fayard, 1988 : **25 février**

KROPOTKINE, Piotr Alekseïevitch, *Paroles d'un révolté,* Éditions C. Marpon et E. Flammarion, 1885 : **10 juin**

KUNDERA, Milan, *La vie est ailleurs,* © Éditions Gallimard, 1973 : **17 janvier**
- *Le Livre du rire et de l'oubli,* © Éditions Gallimard, 1985 : **2 février**
- *Risibles amours,* © Éditions Gallimard, 1994 : **14 octobre**

LAMARTINE, Alphonse de, *Méditations poétiques,* Paris, Librairie Charles de Gosselin, 1823 : **22 octobre**

LE CLÉZIO, J. M. G., *Dans la forêt des paradoxes, Conférence Nobel,* © Fondation Nobel, 2008 : **26 avril**

LÉONARD DE VINCI, extrait de *La Peinture,* © Éditions Hermann, 2004 : **24 janvier**

LEOPARDI, Giacomo, *Pensées,* © Éditions Allia, 2007 : **14 mars**

LEQUIER, Jules, in *La Vie,* n° 3289 du 11 au 17/09/2008 : **5 avril**

LEVI, Primo, d'après *Si c'est un homme,* © Éditions Julliard, 1987 : **10 avril**

LÉVI-STRAUSS, Claude, *Le Cru et le Cuit,* © Éditions Plon, 1964 : **12 avril**
- *Tristes tropiques,* © Éditions Plon, 1955 : **28 mai ; 8 juin**
- *Race et Histoire,* Éditions Gallimard, 1987, © Éditions Denoël : **27 juin**

LICHTENBERG, Georg Chistoph, in Valérie Dupuy, *Les Mots pour combattre le racisme,* © Éditions Milan, 2007 : **15 avril**

LISZT, Franz, in *L'Esprit du geste,* © Éditions Question de, 1999 : **26 octobre**

LORIDAN-IVENS, *Marceline,* in *La Vie,* n°3302 du 11 au 17/12/2008 : **28 novembre**

LUCA, Erri de, *Trois chevaux,* © Éditions Gallimard, 2001 : **20 mars ; 25 octobre ; 16 novembre**

LUCRÈCE, *De la nature,* © Éditions Aubier, 1993 : **7 janvier**

MALRAUX, André, *Les Noyers de l'Altenburg*, in *Œuvres complètes*, t. II, © Éditions Gallimard, coll. « Pléiade », 1996 : **25 juin**

MARC AURÈLE, *Pensées pour moi-même*, trad. de M. Meunier, Garnier-Flammarion, 1992, © Garnier, 1964 : **7 février**

- Prière antique attribuée à : **14 février**

MARX, Karl, *L'Idéologie allemande*, © Éditions Sociales, 1982 : **19 août**

MÉLÉAGRE de GADARA, in *Anthologie grecque*, t. V, © Les Belles Lettres, Paris, 1941 : **6 janvier**

MENUHIN, Yehudi, © *Courrier de l'Unesco*, 11/1995 : **13 août**

MERTON, Thomas, « Un avec toi », in *Prier, l'aventure spirituelle*, n° 308 : **1er décembre**

MILLER, Henry, *Dimanche après la guerre*, © Éditions Stock/Chêne, 1977 : **11 janvier ; 9 novembre**

MONGET, Yannick : voir PELT

MONTAIGNE, Michel de, *Essais*, © PUF, 1965 : **20 février ; 13 mai ; 21 octobre ; 6 novembre ; 25 décembre**

- devise : **2 avril**

MONTESQUIEU, *Pensées*, in *Œuvres diverses*, P. Pourrat, 1834 : **15 juin**

MONTESSORI, Maria, affiché au Mémorial de Caen : **29 mars**

MORIN, Edgar, *Vers l'abîme ?*, © Éditions de l'Herne, 2007 : **12 février ; 4 décembre**

NEWTON, Isaac, in David Brewster, *Mémoirs of the Life, Writings and Discoveries of Sir Isaac Newton*, Edinburgh, T. Constable, 1855, t. II : **28 décembre**

NIETZSCHE, Friedrich, *Ainsi parlait Zarathoustra*, Paris, Mercure de France, 1898 : **18 février ; 8 mars ; 1er mai**

- *Par-delà le bien et le mal*, © Éditions L'Harmattan, 2006 : **9 août ; 12 octobre**

- *La Volonté de puissance*, © Éditions Gallimard, 1995 : **26 décembre**

NOVALIS, *Les Disciples à Saïs*, © Éditions Gallimard, 1975 : **15 janvier**

ORSENNA, Erik, *Les Chevaliers du subjonctif*, © Éditions Stock, 2004 : **3 mars**

PANERO, Leopoldo, in *Anthologie bilingue de la poésie espagnole*, © Éditions Gallimard, Pléiade, 1995 : **11 décembre**

PASCAL, Blaise, *Pensées*, © Librairie Générale Française, 1972 : **3 avril**

- *Pensées sur la religion*, Paris, Guillaume Desprez, 1670 : **12 septembre**

- in Sœur Emmanuelle, *Vivre, à quoi ça sert ?*, © Éditions Flammarion, 2004 : **22 février**

PAUL VI, *Encyclique Populorum progression, in La Vie*, n°3284, du 07 au 20/08/2008 : **14 novembre**

PÉGUY, Charles, *Pensées* in *Œuvres en prose complètes*, t. 1, © Éditions Gallimard, Pléiade, 1986 : **15 juillet**

PELT, Jean-Marie et **MONGET, Yannick**, *Demain la terre*, © Éditions de La Martinière, 2006 : **10 février**

PENA-RUIZ, Henri, *Le Roman du monde*, © Éditions Flammarion, 2001 : **30 décembre**

PESSOA, Fernando, *En Bref*, © Christian Bourgois Éditeur, 2004 : **30 janvier ; 5 juin**

PICARD, Max, *Le Monde du silence*, © PUF, 1954 : **9 avril**

PIRANDELLO, Luigi, *La Volupté de l'honneur*, © Éditions Gallimard, 1977 : **16 mars**

PLATON, in Enzo Bianchi, *Les Mots de la vie intérieure*, © Éditions du Cerf, 2001 : **17 août**

PLOTIN, *Ennéades*, trad. E. Bréhier © Les Belles Lettres, Paris, 1991 : **20 avril**

POUND, Ezra, *Cantos*, © Éditions Flammarion, 1986 : **24 novembre**

PRIGOGINE, Ilya, *La Fin des certitudes*, © Éditions Odile Jacob, 2001 : **15 décembre**

PROUST, Marcel, *La Prisonnière*, in *À la recherche du temps perdu*, © Éditions Gallimard, coll. « Pléiade », 1988 : **21 avril**

PUBLIUS SYRUS, *Sententiae falso inter publilianas recetpae*, www.thelatinlibrary.com : **4 mars**

RABELAIS, François, *Pantagruel*, in *Œuvres complètes*, © Éditions du Seuil, 1973 : **15 mars**

RABHI, Pierre, *Du Sahara aux Cévennes*, © Éditions Albin Michel, 2002 : **23 avril**

RAMOS ROSA, António, in *Anthologie de la poésie portugaise contemporaine*, Éditions Gallimard, 2003, © Michel Chandeigne : **25 janvier**

REEVES, Hubert, *L'Espace prend la forme de mon regard*, © Éditions Myriam Solal, 1995 : **22 janvier**

- *Intimes convictions*, Presses de la Renaissance, 2000 : **22 mars**
- *Chroniques du ciel et de la vie*, © Éditions Seuil, 2005 : **15 et 21 août**
- *Patience dans l'azur*, © Éditions du Seuil, 1988 : **16 janvier**

RENARD, Jules, *Journal*, © Éditions Gallimard, coll. « Pléiade », 1965 : **7 avril**

RICŒUR, Paul, *Vivant jusqu'à la mort, suivi de Fragments*, © Éditions du Seuil, 2007 : **29 janvier**

- *Parcours de la reconnaissance*, © Éditions Stock, 2004 : **16 juillet ; 14 août ; 24 et 25 septembre**

RILKE, Rainer Maria, in Enzo Bianchi, *Les Mots de la vie intérieure*, © Éditions du Cerf, 2001 : **19 octobre**

ROLAND, Manon (dit Madame), in Marianne Cornevin, *Liberté, que de crimes on commet en ton nom !*, © Éditions Maisonneuve & Larose : **31 mai**

ROSTAND, Jean, *Pensées d'un biologiste*, © Éditions J'ai Lu, 1973 : **21 mai**

ROUSSEAU, Jean-Jacques, *Du contrat social*, Paris, Mourer et Pinparé, 1797 : **22 mai**

SACHS, Nelly, *Éclipse d'étoile*, © Éditions Verdier, 1999 : **28 août**

- *Partage-toi, nuit*, © Éditions Verdier, 2005 : **10 décembre**

SAÏD, Edward W., *Culture et impérialisme*, © Librairie Arthème Fayard, *Le Monde diplomatique*, 2000 : **23 décembre**

SAINT-EXUPÉRY, Antoine de, *Lettre à un otage*, in *Œuvres*, © Éditions Gallimard, coll. « Pléiade », 1959 : **26 septembre**

- *Le Petit Prince*, in *Œuvres*, © Éditions Gallimard, Pléiade, 1959 : **13 novembre**

SARAMAGO, José, *Comment le personnage fut le maître et l'auteur son apprenti*, © Éditions Mille et une nuits, 1999 : **19 mai**

- *Tous les noms*, © Éditions du Seuil, 2001 : **18 août**
- *La Lucidité*, © Éditions du Seuil, 2006 : **1er juillet ; 6 août**
- *Le Dieu manchot*, © Éditions du Seuil, 1995 : **24 août**

SCHOELCHER, Victor, in Valérie Dupuy, *Les Mots pour combattre le racisme*, © Éditions Milan, 2007 : **9 juin ; 7 juillet**

SCHOPENHAUER, Arthur, *L'Art de se faire respecter*, © Éditions Circé, 2004 : **16 août**

SÉNÈQUE, *De la vie heureuse*, in *Œuvres complètes*, © Éditions Hachette, 1905 : **23 janvier**

- *Lettres à Lucillius*, in *Œuvres complètes*, Paris, © Éditions Hachette, 1905 : **17 juillet**

SERRES, Michel, *Le Tiers-Instruit*, © Éditions François Bourin, 1991 : **28 janvier ; 5 mars**

- *Éclaircissements*, © Éditions Flammarion, 1994 : **28 mars**
- *La Guerre mondiale*, © Le Pommier, 2008 : **24 mai**

SHAKESPEARE, William, *Hamlet* in *Œuvres complètes*, © Éditions Gallimard, coll. « Pléiade », 1959 : **4 février**

- *Sonnets*, © Éditions Gallimard, 2007 : **7 octobre**
- *La Tempête*, in *Œuvres complètes*, © Éditions Gallimard, 1959 : **5 janvier**

SMITH, Adam, *An Inquiry into the Nature and Causes on the Wealth of nations*, © Hackett Publishing, 1993 : **10 juillet**

SOCRATE : 17 mars ; 24 mars

SOLJENITSYNE, Alexandre, *Nobel lecture*, © Fondation Nobel, 1970 : **30 mai**

SOPHOCLE, *Œdipe Roi* in *Tragiques grecs, Eschyle, Sophocle*, © Éditions Gallimard, coll. « Pléiade », 1967 : **17 juin ; 5 juillet**

- *Antigone* in *Tragiques Grecs, Eschyle, Sophocle*, © Éditions Gallimard, 1967 : **25 août**

SOUZENELLE, Annick de, in *La Vie*, n°3312, du 19 au 25/02/09 : **29 novembre**

- in *Écologie, spiritualité : la rencontre*, © Éditions Yves Michel, 2007 : **7 décembre**

SPINOZA, Baruch, *Traité politique*, © Éditions Garnier-Flammarion, 1966 : **16 mai**

- *Éthique*, in *Œuvres de Spinoza*, Charpentier, 1842 : **5 novembre**

STENDHAL, *Mémoires d'un touriste*, Le Divan, 1929 : **19 avril**

- *De l'Amour*, © Éditions Gallimard, 1992 : **10 septembre**

SZYMBORSKA, Wislawa, *Dans le fleuve d'Héraclite*, © Éditions La Maison de la poésie Nord-Pas-de-Calais, 1995 : **7 septembre**

TALLEYRAND, « Mémoires apocryphes », *Le Figaro*, 1891 : **14 juin**

TERESA (Mère), *L'Amour, un fruit toujours de saison*, © Éditions du Roseau, 1986 : **11 octobre**

THÉRÈSE d'AVILA, *Œuvres complètes*, © Éditions du Cerf, 1995 : **3 décembre**

THOMAS a KEMPIS, in Alberto Manguel, *Une histoire de la lecture*, © Éditions Actes Sud, 1998 : **13 mars**

THOMAS d'AQUIN, *Somme théologique*, © Éditions du Cerf, 1985 : **8 août**

THOREAU, Henry David, *Journal*, in Kenneth White, *Le Plateau de l'albatros*, © Éditions Grasset, 1994 : **11 mars**

TRANSTRÖMER, Tomas, *Baltiques*, Gallimard, 2004, © Le Castor astral : **18 mars ; 3 mai**

VANEIGEM, Raoul, *Avertissement aux écoliers et lycéens*, © Éditions Mille et une nuits, 1998 : **11 février**

VIRGILE, *L'Énéide*, © Librairie Générale française, 2004 : **12 janvier ; 26 février**

- attribué à : **5 mai**

VOLTAIRE, *Discours en vers sur l'homme* in *Œuvres complètes*, t. 3, Th. Desoer, 1817 : **14 avril**

- *Lettres inédites*, recueillies par M. de Cayrol, Didier et Cie, 1857 : **6 septembre**

WATZLAWICK, Paul, in Enzo Bianchi, *Les Mots de la vie intérieure*, © Éditions du Cerf, 2001 : **2 octobre**

WEIL, Simone, *La Pesanteur et la grâce*, © Éditions Plon, 1988 : **21 février ; 9 mai ; 29 juillet ; 19 novembre**

- *La Connaissance surnaturelle*, © Éditions Gallimard, 1950 : **28 septembre**

WELLS, Herbert George, *The Outline of History*, t. II, © New York, Barnes and Noble, 2004 : **3 juillet**

WHITE, Kenneth, *Les Affinités extrêmes*, © Éditions Albin Michel, 2009 : **double page de la conclusion**

WIESEL, Elie, *Mémoire à deux voix*, © Éditions Odile Jacob, 1995 : **1er avril ; 5 août**

- in *Les Textes fondamentaux de la pensée juive*, *Le Point*, hors-série n° 16 : **7 août**

- in *Le Partage*, © Éditions Grasset, 2004 : **20 septembre**

- attribué à : **12 mai**

WILDE, Oscar, *Le Portrait de Dorian Gray*, © Librairie Générale Française, 2001 : **18 avril**

WITTGENSTEIN, Ludwig, *Tractatus logico-philosophicus*, © Éditions Gallimard, 1993 : **26 novembre ; page de garde**

WORDSWORTH, William, *Poems*, © New York, C.S. Francis & Co., 1855 : **20 juillet**

YEATS, William Butler, *The Collected Poems of W. B. Yeats*, © Wordsworth, Poetry Library, 2000 : **27 novembre**

ZAMBRANO, Maria, *L'Homme et le divin*, © Éditions José Corti, 2006 : **20 novembre**

ZWEIG, Stefan, *Vingt-quatre heures de la vie d'une femme*, © Librairie Générale Française, 1992 : **16 juin**

Les auteurs dédient ce livre aux personnes qui ont contribué à sa réalisation, en Allemagne, en Autriche, en Belgique, au Danemark, en Espagne, en France, en Grande-Bretagne, en Grèce, en Hongrie, en Islande, en Italie, à Malte, en Norvège, aux Pays-Bas, au Portugal, en Pologne, en Roumanie, en Russie, en Slovénie, en Suisse, en République tchèque, au Vatican :

Alexandre Ahr & Juliette Jaccard à Lausanne, Graham, Nicda, Ross & Mhairi Alexander à Braemar, Père Alexandros à Patmos, Sophia Alikari à Tinos, Père Aloïs et Frère Nicolas à la chartreuse de la Valsainte, Alphonse Allaman dit Fonfon à Charmey, la famille Arlotti à Aix-en-Provence, Manuel Auguita Palma à Albuñuelas, Étienne & Ann Auvrai à Paris, Anouk Avons avec Christophe et Angèle à Die, Alphonse Bachman à Charmey, Anne Marie Beeren-Orsos à Amsterdam, Annalisa Beltrami à Bern, Luce Bercovici à Paris, Padre Bianchi et Frate Lino au monastère de Bose, Lamprini Bitali à Tinos, Jennifer Blum à Paris, Marc, Corinne, Margot, Lea & Nefeli Bodmer à Patmos, Alfronzo Bonetti à Napoli, Chrystèle, Raymond et Clarisse Bonnefond au Noyer, Virginie de Bochgrave à Bruxelles, Stéphane Buchs et Sophie à Moléson-sur-Gruyères, Paul & Anne-Marie Carrey à Charmey, la famille Philippe Castella et la petite Marie au Pâquier, Kelly Charpentier aux Saintes-Maries-de-la-Mer, Venda, Andrea et Sofie Choutkovi à Jablonec, Lydie Claitte aux Saintes-Maries-de-la-Mer, Françoise et René Collet à Paris, Père Eftmios Contsamellos à Patmos, Gino Maria Coppa-Solari et Natalia à Rome, Cavalier Cosmo, Enza Palmisano, Salvo Ranno et Ivan Diemanuece à Catania, Domenico Criséo et Sally Morisset à Paris, Laurent Dénenreud et le groupe de Cors des Alpes « Echo du Moléson », Marie et Agnès Déom à Genève, Sylvie et Krzysztof Derdacki à Lódz, Nelly Dhoutaut à Paris, Torgeir Dolven, Kristian Karlsen, Bjørn-Erik Tveiten à Risør, Adeline Dubois, John Duff à Braemar, Claude Dumas, aumônier national des gens du voyage, à Toulon, Gil Dumas à Neuchâtel, Arnold Dumas à Villaraboud, l'administration del Duomo à Florence, Frédéric Fabi directeur de l'Office du tourisme des Saintes-Maries-de-la-Mer, avec son équipe, Alma Fakhre Mecattaf à Paris, Yannick Fanti à Paris, Véronique de Folin et Arnaud de Brosses à Paris, Marck & Miggie Föllmi à Zürich, Yvan & Pema Föllmi à Annecy, Bernard et Geneviève Gachet à Annecy-le-Vieux, Emile et Cécile Gachet à Charmey, Vincent & Tania Gachet à Charmey, Accolla Gimaseppe avec Bonaiovanni Yiuseppe, Bruno Salvatore, Gallia Gioacchino, Concetto, Totaro Elio et Secta Maria, Benito Pupillo à Syracuse, John et Yetta Goelet à Sandricourt, Marie Pierre Gourragne aux Saintes-Maries-de-la-Mer, Père Nicodimos Grillis au monastère Saint-Jean à Patmos, Hervé & Cécile Guilhem au Chatelard, Florence Guillaume et sa famille aux Saintes-Maries-de-la-Mer, Even Gullaksen à Bergen, Emmanuelle Halkin et Julien Payenneville avec Péma à Paris, Rikke Halskov & Allan Grønbæk avec Vigga à Skegan, Tryggvi Hansen, Delphine, Vincent et Lana Helle Gachet à Thônes, Julianna Hellingsgaard aux îles Féroé, Rebecca Hobart à Braemar, Huan & Alba à Grenade, Papadimitrioy Iliae à Panormos, Père Ilias à Patmos, l'Institution Panhellenic de l'Annonciation de la Vierge Marie à Tinos, Martine Jaccard et Jean Daniel Hostettler à Lausanne, Jean Jalbert à la Tour du Valat, Brain Jamieson à Braemar, Anne Marie Jaussaud à Arles, la famille Jensen à Sonderborg, Père Panteleiman Karalis au monastère Saint-Jean à Patmos, Kati et Nikolas Kollaros à Panormos, Sozoula Konstanta à Patmos, Helen Kottorou à Patmos, Toto Lamonica à Catania, la famille Lamouroux et le Parc ornithologique des Saintes-Maries-de-la-Mer, M. Lancelé au Château du Bois à Lagarde-d'Apt, Arne et Dominique Landini-Hodalic à Ljubljana, Hélène et Bernard Larose à Rome, Philippe et Patricia Lavorel à La Balme de Sillingy, Dorothea et Luis Leitner à Admont, Patrick & Juliana Lenoël à Milan, Edwige Lenoël à Gênes, Marie Constance Lenoël & Simone Robusti avec Calypso à Gênes, Line Lindegren Roed & Thit à Skegan, Bibi Lindegren, Valdemar et Martinus à Skegan, Isla et Alisa Long à Braemer, Calum MacAllister en Écosse, John Macpherson à Braemar, Anne-Marie Maillard à Charmey, Rémi, Stéphanie, Lou et Gabin Marquetti à Lyon, Belen Martinez à Grenade, la famille Mauro à Florence, Melianos Matthaios à l'École ecclésiastique de Patmos, Grace

McClung à N. Hollywood CA, Despina Meliau à Patmos, Edward Merxhani à Paros, Tillie et Michèle aux Saintes-Maries-de-la-Mer, Madame Mihet et M. Radu à l'Office de tourisme de Roumanie à Paris, Gitte Moeller à Copenhagen, Adelina Molin à Venise, Hugo Af Morgenstiema à Gotland, Bettina Münch-Epple à Berlin, Olga Tamayo Munoz à Grenade, Houda Naili à Paris, Sœur Nicodème à la Tour du Valat, Père Nicolas et Père Thomas à l'abbaye d'Admont, Anne-Marie Niquille dite Cocolette à Charmey, Nicole Niquille à Charmey, Jean Niquille dit Djan ou Nê à Charmey, Nieves à Grenade, Craig Nisbet à Braemar, Ingi Gunnar Ólafsson et le Blue Lagoon à Grindavík, Wivi & Niels Ole Thomse à Skegan, Daniel & Garcia Ortega à Granada, Paola à Granada, Dorin et Maria Paraschiv à Starchiojd, Léonard & Thérèse Pasquier à Charmey, Nino Peirantonio et Alice Costa à Venise, Marina Petraki à Patmos, Dritsa Popi à Patmos, Sabrina, Sylvie et Marie Renard aux Saintes-Maries-de-la-Mer, Françoise Repond à Charmey, Jean-Pierre Repond à Charmey, Salvatore Rizza à Syracuse, Marina del Rocio à Grenade, Jens Roed à Skegan, Line L. Roed, Thit, Rie et Lili à Handewitt, la famille Rogger au refuge Pian di Cengia aux Dolomites, Mr Salazar et l'équipe d'accueil à l'abbaye de Fontenay, le pasteur Cecil Schmalkuche, Roger et Danièle Seguy à Pugnac, Deborah et Hosanna Sicard aux Saintes-Maries-de-la-Mer, Alexandre, Sandra et Eliott Spalaikovitch, Bjørn Thrane avec Per O. Mostraum, Nils Eikemo, Truls Ringø, Linn Mostrøm, Nina Dkregrov à Gurvanden, Marta Torres à Grenade, Stella Triantafillou à Paros, le Tsigan Band aux Saintes-Maries-de-la-Mer, Dominique & Philippe Ullens à Tervuren, Martine Van der Rest à Bruxelles, Vito Venrealla à Alberobello, la famille Vionnet à Saint-Julien, Madeleine Viviani à Bern, Ursula & Daniel Vollenweider à Genolier, Evelyne et Costa Vrousos à Saint-Ismier, Hubert Yonnet aux Saintes-Maries-de-la-Mer.

LES AUTEURS EXPRIMENT UNE PROFONDE GRATITUDE À :

Varunee Skaosang et Wen Yutao
pour leur assistance à la photographie

L'Équipe de l'Atelier Föllmi :
Emmanuelle Courson, Marion Franck, Stéphanie Lopes,
Corinne Morvan-Sedik, Nicolas Pasquier, Sophie Pouly.

L'Équipe des Éditions de La Martinière :
Emmanuelle Halkin, Dominique Escartin,
Cécile Vandenbroucque et Marianne Lassandro.

SAGESSES
DE L'HUMANITÉ

Espoirs est la 7e clef de la collection « Sagesses de l'Humanité » synthétisant et valorisant l'héritage spirituel et philosophique de l'Humanité comme source d'inspiration personnelle.

DANS LA MÊME COLLECTION, PAR DANIELLE & OLIVIER FÖLLMI :

Offrandes *365 pensées de maîtres bouddhistes*
Sagesses *365 pensées de maîtres de l'Inde*
Origines *365 pensées de sages africains*
Révélations *365 pensées d'Amérique latine*
Éveils *365 pensées de Sages d'Asie*
Souffles *365 pensées de Sages d'Orient*

Danielle & Olivier Föllmi ont fondé l'association HOPE au service de l'éducation et de l'entraide à échelle humaine dans le monde : *www.hope-organisation.com*